SERENIDAD

ALFRED SONNENFELD

SERENIDAD
La sabiduría de gobernarse

Quinta edición ampliada

EDICIONES RIALP
MADRID

© 2018 *by* ALFRED SONNENFELD
© 2026 *by* EDICIONES RIALP, S. A.,
   Manuel Uribe 13-15 - 28033 Madrid
   (www.rialp.com)

Primera edición: octubre 2018
Quinta edición ampliada: mayo 2026

Preimpresión: www.produccioneditorial.com

ISBN (edición impresa): 978-84-321-7394-3
ISBN (edición digital): 978-84-321-5025-8
ISBN (edición bajo demanda): 978-84-321-5931-2
ISNI: 0000 0001 0725 313X
Depósito legal: M-6838-2026
Impreso en Estilo Estugraf, S.L. Ciempozuelos (Madrid)

ÍNDICE

Nota a la quinta edición 9

Introducción 13

I.   Todo fluye, todo cambia 19
     Querer retener el momento 19
     Curiosidad pasional 21

II. Párate y piensa 23
     Conócete a ti mismo 23
     Parón reflexivo 24
     Escasez de pensamiento 31

III. Representaciones mentales 35
     Cuando nos sentimos frustrados 35
     Equivocarse es humano 39
     Saber conducir mi vida 41
     Coherencia 44
     Coherencia y verdad 46

IV. Autogobierno 49
     Autorrealización o autodestrucción 49
     Atención y concentración 53

V.   EL SER HUMANO ES RELACIONAL
     POR NATURALEZA.................................... 57
     Cuando la psicología se convierte en biología.... 57
     Bienestar y buenas relaciones interpersonales ... 60
     La cooperación humana nos ayuda a ser felices   63

VI. NINGUNA PERSONA ES UN VERSO SUELTO 67
     Sistema motivacional.......................... 67
     La falta de vínculos y la tendencia a la agresión 74

VII. LA EXCLUSIÓN SOCIAL DAÑA EL CEREBRO 77
     Las palabras no son inocentes.......................... 77
     Sentido de pertenencia 81

VIII. UN MEDICAMENTO EFICAZ: OTRA PERSONA 83
     Es el espíritu el que se crea su cuerpo.............. 83
     La salud como la armonía adecuada................. 85

IX. SERENAMENTE ENTUSIASMADO 89
     La contemplación es un percibir amante.......... 89
     Atrapados en la caverna.............................. 90
     El trabajo hecho por amor adquiere hermosura
     y se engrandece 93

X.   SERENAMENTE RELACIONADO 99
     Serenidad en la adversidad...................... 99
     El bien ético nos hace serenos 103

XI. LA LIBERTAD INTERIOR: FUENTE DE SERENIDAD   107
     La necesidad de liberarse de tres cadenas
     o patrones neuronales............................ 109
     Libertad y responsabilidad 112
     Cambiar de actitud.............................. 114

A MODO DE CONCLUSIÓN................................. 117

NOTA A LA QUINTA EDICIÓN

LA PUBLICACIÓN DE ESTA QUINTA edición de *Serenidad* constituye un motivo de satisfacción, ya que pone de manifiesto la importancia que tiene la serenidad para nuestro bienestar. Necesitamos llevar una vida serena para poder disfrutar de tantas cosas bonitas de este mundo y para ser más eficaces en nuestro trabajo.

Como mentor de un buen número de gente suelo oír que bastantes personas, a pesar de disponer del dinero necesario, de gozar de un estatus social considerable y de tener un buen puesto en su trabajo, es decir, teniendo todo lo que nuestra sociedad competitiva considera valioso y que supuestamente debería proporcionarnos una existencia feliz, no viven serenamente. Lo cierto es que, en lugar de encontrar paz y serenidad, muchos se sienten acorralados y cercados por las incidencias del día a día y la rapidez con la que se suceden, actuando con la misma inercia del hámster que da vueltas en su rueda, incapaces de disfrutar de la vida.

Agradecemos a Ediciones Rialp que nos haya facilitado añadir un nuevo capítulo al libro, en el que abordamos la importancia de saber vivir serenamente recurriendo a las bases neurobiológicas de la libertad interior. Es importante saber lo que ocurre en nuestro cerebro cuando somos verdaderamente libres. En él hay regiones que son responsables de la aparición de nuestros miedos, como la amígdala, que tiene el tamaño de una almendra y forma parte del sistema límbico situado en el cerebro inferior. Es el perro guardián del cerebro, que permanece alerta ante posibles amenazas. Al activarse, experimentamos miedo o estrés, estados que contribuyen a que perdamos la libertad, a que vivamos en situación de supervivencia; nuestros pensamientos se estrechan y nuestra creatividad desaparece. Por el contrario, la corteza prefrontal es responsable de nuestros razonamientos, de nuestra capacidad de planificación, de la posibilidad de cambiar de perspectiva; en definitiva, de contribuir a aquello que podríamos denominar sabiduría. Nos permite, en última instancia, pensar con mayor claridad.

La libertad interior de la que hablamos en el nuevo capítulo y que es fundamental para vivir serenamente, tiene que ver con el equilibrio entre estas dos regiones. En caso de que la actuación de la amígdala sea dominante, estaríamos apresados. En caso de que la actuación de la corteza prefrontal prevalezca, viviríamos más libremente. Y ese equilibrio entre la amígdala y la corteza prefrontal podemos alcanzarlo a través de los consejos que describimos en el nuevo capítulo. Al saber liberarnos de nuestras cadenas, cambiando para ello de perspectiva y de actitud ante la vida, estaríamos activando las funciones de las capas más elevadas del cerebro. De ese modo, fortaleceríamos las redes neuronales que influyen en el pensamiento libre y flexible del cerebro.

Si sabemos aceptar la vida tal como nos viene dada, reduciremos el estrés, puesto que el cuerpo se relaja, la amígdala se tranquiliza, las hormonas del estrés disminuyen, y, en este estado de calma, encontramos el espacio para la libertad interior y con ella la serenidad. Esto es lo positivo que aporta la neurobiología, confirmando así lo que los sabios ya habían dicho hace miles de años: que todos podemos vivir disfrutando de la libertad interior.

Pero, además, la neurobiología nos permite vislumbrar la importancia que juegan los pensamientos: al ser los que configuran nuestras experiencias, se convierten en interpretaciones de la realidad, en construcciones que se van formando en nuestro cerebro —verdaderas o falsas—, que representan una ayuda o un obstáculo para alcanzar la libertad o esclavizarnos.

Recordemos que vivimos en la era de la distracción, que se caracteriza por saltar de una información a otra sin reflexionar sobre sus contenidos. Se trata de un modo de actuar a golpe de clic. Y esto nos impone llevar un estilo de vida en el que falta la atención y la concentración. La inquietante dispersión de la atención nos roba la serenidad y sin ella la persona no puede desarrollarse y madurar convenientemente. Mediante la neurobiología podemos desarrollar todo nuestro potencial, llegar a comportarnos como los buenos líderes, que saben invitar, animar, inspirar y entusiasmar. Aunque nuestra plenitud implica amar de verdad a las personas, como haría una madre. A este respecto, ahondamos en esta nota en el tema del amor, que se aborda en distintos capítulos a lo largo del libro, haciendo hincapié en la diferencia entre el amor y el apego. Mucha gente piensa que ama a una persona, pero en realidad está apegada a ella, porque la necesita, depende de ella y quiere que no cambie para de ese modo satisfacer siempre sus expectativas y necesidades. El amor verdadero está libre de apego, respeta al otro en su identidad, en lo que es, se alegra de su existencia sin querer poseerlo, sabe dar sin esperar nada a cambio. Este amor excelso solo será posible si somos libres internamente, porque en caso de faltarnos esa libertad interior estaremos necesitando al otro: dependiendo de su amor, de su reconocimiento, de su atención. En definitiva, lo estaríamos utilizando, lo que no tiene nada que ver con el amor verdadero.

La libertad interior nos libera de dependencias y necesidades, nos permite estar en armonía con nosotros mismos, y, a partir de esa armonía interior, nos hace capaces de amar incondicionalmente. Esta es la paradoja: cuanto menos necesito, tanto más seré capaz de amar. En definitiva, tanto el amor verdadero como la verdadera libertad nos permiten vivir serenamente.

INTRODUCCIÓN

Acuérdate de conservar la mente serena
en los momentos difíciles.

HORACIO (65 a. C.-8 a. C.)

LA SERENIDAD PUEDE DEFINIRSE COMO LA PAZ en la adversidad, la calma en la dificultad. Es precisamente en las grandes adversidades donde el alma noble aprende a conocerse mejor. En nuestra vida cotidiana con demasiada frecuencia nos vemos atosigados y zarandeados por urgencias que nos obligan a decidir, a ser competitivos y a comprometernos con cosas que fácilmente nos superan y nos ocasionan estrés y ansiedad.

Desde luego, quien logra serenarse en lo pequeño, adquiere fortaleza para serenarse ante una gran adversidad. No son pocos los pequeños enemigos de la serenidad: un atasco que impide llegar puntual a una reunión de trabajo, una multa de tráfico, un niño que llora por cuarta vez en la misma noche, los preparativos de una boda o de una mudanza, un yerno susceptible, un vecino histérico... Podemos contar cada día los momentos que tienden a alterar nuestro equilibrio en pequeñas cosas, pero hemos de mirarlos con interés, pues son el mejor camino para alcanzar la serenidad en las grandes cosas.

La adversidad reclama serenidad, ese manantial puro y cristalino donde se distinguen con claridad las causas que ocasionaron ese hecho adverso. La serenidad es una fuerza de la mente y del corazón humano, que hay que saber evocar para seguir luego sus consejos en los momentos adversos. La serenidad nos ayuda a aceptar, con humildad y equilibrio, la realidad de las cosas.

Pero ¿qué ocurre si recorremos la vida como un salmón, avanzando sin descanso contra la corriente del río? Solo cabe avanzar y avanzar, sin mirar alrededor, ni disfrutar de los paisajes bellos que ofrece la naturaleza... Llevar una vida así, llena de activismo febril, supone un desgaste considerable para el cuerpo humano y de modo especial para el cerebro. Es una vida que suele ser estresante, que degenera fácilmente en aburrimiento, en repetición de lo mismo. Normalmente, cuando el estrés se atenúa, el cuerpo recupera la serenidad y volvemos a sentirnos tranquilos otra vez. Pero cuando experimentamos estrés demasiado a menudo o durante demasiado tiempo, o cuando los sentimientos negativos se apoderan de nosotros, aparecen los problemas. ¿Cómo no dejarse dominar por esos factores estresantes y tóxicos, y mantener la calma?

Un factor estresante –y también tóxico– puede ser un nuevo jefe en el trabajo, algo "trepa", que no sabe liderar y que carece de empatía.

A ello podrían unirse algunas dificultades en la comunicación de la pareja. Un marido que llega a casa a última hora de la tarde e intenta convencer a su mujer para que le acompañe a una cena con su jefe. Unos hijos que tiran y tiran de la cuerda de su autonomía, hasta tensar la conversación y desencadenar de nuevo el estrés. Nuestra cabeza, incluso después de apagar las luces en el dormitorio, puede activarse y castigarnos repetidamente por no haber tocado ese día las teclas convenientes para ayudarle a ese hijo a madurar.

Ante los peligros cotidianos, la persona serena sabe establecer prioridades, conserva la calma en medio de los problemas, su estado de ánimo se mantiene apacible y sabe infundir confianza, seguridad y buen humor. Con serenidad alcanzaremos muchas cosas en la vida; sin ella, casi nada.

La persona serena sabe desdramatizar y ver los inconvenientes de forma realista y positiva, sin desalentarse ni desanimarse. Esto no ha de entenderse como una invitación a la pasividad. Es la invitación a actuar, incluso con energía en ciertas ocasiones, pero con señorío, lo cual implica saber actuar con un espíritu afable y sereno, alejado de la inquietud, la agitación y la precipitación que, con frecuencia, nos llevan a situaciones de atolondramiento y superficialidad.

Es bien sabido, y la experiencia nos lo confirma día a día, que los seres humanos somos débiles. ¡Cuántas veces nos dejamos engañar haciendo mal uso de nuestra libertad, dejándonos llevar por lo que Martin Heidegger denominaba *Holzwege*[1], es decir, «caminos de perdición»! No obstante, hay que señalar que nuestra poderosa aspiración de libertad, de hacer «lo que nos da la gana», incluso cuando nos lleve por caminos erróneos, siempre conserva algo de recto y noble. En efecto, el hombre no ha sido creado para ser esclavo, sino para actuar con señorío sobre sí mismo y sobre lo creado, y para ello necesita la serenidad.

---

[1] Martin Heidegger, *Holzwege*, Frankfurt am Main, 2003.

Todos aspiramos a ser felices, dichosos, a vivir bien. Esto hace que nuestra conducta sea tendencial. Tendemos a diferentes fines que pensamos nos harán felices. Aristóteles declara que la felicidad es el bien supremo que da razón de todos los demás bienes. Ahora bien, la felicidad tiene su lugar en la esfera afectiva, sea cual sea su fuente y su naturaleza específica, puesto que el único modo de experimentar la felicidad es sentirla. El conocimiento nos puede ayudar poderosamente como fuente de felicidad, pero la felicidad misma, por su propia naturaleza, tiene que darse en una experiencia afectiva[2]. Una felicidad únicamente «pensada» o «querida» no es felicidad.

Nadie puede decir que no quiere ser feliz. Pero —y esto no deja de ser un hecho perturbador— ¡cuántas veces hacemos mal uso de nuestra libertad! Hacemos lo que desde el fondo de nuestro ser no querríamos hacer, pero lo hacemos porque somos débiles. Y es precisamente aquí donde el uso de nuestra libertad juega un papel decisivo.

Aprender a vivir de modo que mi existencia alcance la plenitud a la que está destinada en su totalidad, es algo que no depende de circunstancias cambiantes ni de quién ostente el poder. Depende de mí, de cuál es mi modo fundamental de ser, de los bienes que me identifican, de qué aspiraciones abrigo, de las posibilidades operativas de que dispongo, de cuál es el camino que he de seguir para alcanzar una vida que podamos calificar de *lograda*.

Sobre esto ya reflexionaron los griegos de la Grecia clásica. Aristóteles denomina *Eudaimonía*[3] —que suele tradu-

---

[2] Dietrich von Hildebrand, *El corazón*, Madrid, 1997, p. 32.
[3] La palabra *Eudaimonía* es la usual para decir «felicidad» en griego. El filósofo griego que más a fondo se ha planteado esta cuestión es

cirse por felicidad, aunque en la modernidad es preferible hablar de vida lograda— a una vida hecha de acciones que intrínsecamente perfeccionan nuestra naturaleza humana, capacitando al sujeto para que actúe cada vez mejor en cuanto hombre y poniéndole en condiciones, no solo de evitar el fracaso global de su existencia, sino, sobre todo, de conseguir una vida lograda: una vida que, por transcurrir por caminos serenos, suponga que las elecciones personales nos conduzcan a una vida de plenitud.

Pero ¿cómo se llega a un estado de ánimo que, en medio de las dificultades, no solo no sucumbe, sino que motiva? Y, más difícil todavía, ¿qué entendemos por vida lograda? Contestar a estas dos preguntas requiere abordar una serie de cuestiones que iremos desarrollando en los diez capítulos de este libro.

Aristóteles, sobre todo en la *Ética a Nicómaco*, con particular profundidad en los libros I y X.

I
TODO FLUYE, TODO CAMBIA

Solamente puedes tener paz
si tú la proporcionas.

MARIE VON EBNER ESCHENBACH (1830-1916)

QUERER RETENER EL MOMENTO

Todos nosotros hemos querido retener momentos sublimes de nuestra vida en los que teníamos la sensación de estar tocando el cielo. Momentos de epifanía en los que se suspende el curso de la historia[1]. «Párate, permanece para siempre, momento bello»[2]. Así se expresa Fausto en la tragedia de Goethe. «Quédate para siempre, momento lleno de encanto».

Sin embargo, la realidad se opone a nuestra pretensión de mantener las cosas tal y como aparecen en esos

---

[1] En su obra *Lo bello y lo sublime*, Immanuel Kant afirma que lo bello encanta, mientras que lo sublime conmueve. Para Kant la sublimidad se encuentra fundamentalmente en el espíritu. Lo sublime lo encontramos dentro de nosotros, lo bello fuera de nosotros.

[2] Johann Wolfgang von Goethe, *Fausto*, capítulo 7 de la segunda parte: «Verweile doch! du bist so schön!».

momentos felices. En nuestra vida todo cambia, se mueve. Según nuestra percepción, a veces lo hace a «paso de tortuga» y, en ocasiones, con el ímpetu trágico de un huracán o un tsunami.

El filósofo griego Heráclito de Éfeso acuñó hace varios milenios la expresión «todo fluye, nada permanece» (*panta rei kai oudén ménei*). Con ello quería decir que nadie puede entrar dos veces en el mismo río, porque el río siempre cambia, ya que las aguas están en continuo movimiento. Aquel que entró una vez en el río tampoco puede evitar su propio cambio, y, por lo tanto, no será el mismo cuando salga del agua. Dicho de otro modo: nada volverá a ser como antes. Esto podemos afirmarlo incluso después de asistir a una conferencia, a una obra de teatro o a un concierto, o tras un paseo por la montaña o por un bosque. Nuestro cerebro habrá cambiado, las sinapsis neuronales (enlaces entre las neuronas) se habrán redistribuido o incluso aumentado en número. En todo caso, nuestro cerebro habrá cambiado, su estructura orgánica ya no es la misma de antes.

Conseguir que nuestra vida sea lograda depende en gran parte de que sepamos movernos en sintonía con el fluir de nuestro tiempo. No es fácil, porque nos resistimos a cambiar cuando, de hecho, todo está cambiando. Somos hijos de nuestro tiempo y nos cuesta adaptarnos a las nuevas situaciones de la vida. Nos gusta la estabilidad y el bienestar, nos atraen las situaciones de confort y de previsibilidad. Las buenas relaciones con las personas con las que convivimos y con las que trabajamos pueden considerarse como situaciones logradas que nos proporcionan un sentimiento de bienestar, y que con frecuencia deseamos que se eternicen. Sin embargo, lo único cierto en la vida es el cambio, sea para bien o para mal.

Uno de los grandes retos de nuestro tiempo, sobre todo para gente más entrada en años, consiste en la capacidad de adaptarse a los cambios: al cambio del lenguaje, a los cambios de lugar de residencia, a los cambios de nuestros modos de pensar, de amigos, de planes diferentes, etc.

Pero el cerebro goza de una gran plasticidad, es maleable y moldeable, incluso a avanzada edad. El término "neuroplasticidad" significa que el cerebro goza de una gran capacidad de adaptación a las nuevas circunstancias.

No obstante, el problema que suele surgir es la contradicción entre lo que es bueno y recomendable para el cerebro de una persona y lo que le apetece realmente hacer. Nos gusta hacer las cosas como siempre las hemos hecho, de acuerdo a las costumbres de siempre, lo que a menudo lleva consigo una cierta pereza. Pero si conseguimos adaptarnos a las nuevas situaciones, superando las barreras que nos parecían infranqueables, el cerebro habrá reaccionado, por lo general, positivamente ante la nueva situación[3]. Es entonces cuando se produce una reorganización de los patrones y redes neuronales, y la persona recupera la serenidad.

CURIOSIDAD PASIONAL

Hacerse mayor es algo inevitable. Sin embargo, no todos manejamos este segmento de la vida del mismo modo.

---

[3] Obviamente aquí no nos referimos a situaciones estresantes que implican cambios desfavorables para nuestra vida y que son la causa de tantas enfermedades. Para un estudio más profundo de estas situaciones remito a mi obra, *Educar para madurar. Consejos neurobiológicos y espirituales para que tú y tus hijos seáis felices*, 10.ª edición, Madrid, 2017, pp. 157-180.

Algunas mentes se mantienen en forma durante mucho más tiempo. ¿Por qué? ¿Qué es lo que diferencia a unos de otros? La Neurobiología nos proporciona cada vez más motivos de esperanza, nos ofrece nuevas pistas para permanecer jóvenes, incluso a edades muy avanzadas. En este sentido se sabe que el esfuerzo intelectual juega un papel importante. La gente que se enfrenta a retos continuos, que lee, que se interesa por las cosas, que disfruta viajando y, sobre todo, como diría el premio Nobel de Física, Albert Einstein, que tiene *curiosidad pasional* por las cosas, está haciendo algo muy bueno para su cerebro. Está evitando, o por lo menos retrasando, ser víctima de alguna enfermedad neurodegenerativa como el Alzheimer o la demencia en sus diferentes formas.

Los estudios neurobiológicos nos dicen que lo importante para la buena salud cerebral no es tanto el conocimiento que hayamos acumulado a lo largo de nuestra vida, sino el afán diario por aprender y asimilar nuevas cosas. La mejor forma de mantener la mente interesada es a través del cambio continuo. Los mejores estimulantes intelectuales son aquellas personas que nos aportan nuevos conocimientos, que nos abren nuevos horizontes. Por lo general, la mejor recompensa suele acompañar a lo que más esfuerzo nos exige. Al efectuar esos esfuerzos de adaptación a las nuevas situaciones, las neuronas se vigorizan y se producen más sinapsis neuronales, es decir, más uniones y de mayor peso entre las neuronas[4]. El gran axioma de la Neurobiología se expresa con la frase anglosajona *«use it or lose it»* que equivale a decir «usa tu cerebro o acabarás perdiéndolo».

---

[4] Manfred Spitzer, *Medizin für die Bildung. Ein Weg aus der Krise*, Heidelberg, 2010, pp. 50-55.

II
PÁRATE Y PIENSA

La serenidad para las cosas y la apertura al misterio
no nos caen nunca del cielo. No acaecen fortuitamente.
Ambas crecen desde un pensar incesante y vigoroso.

MARTIN HEIDEGGER (1889-1976)

CONÓCETE A TI MISMO

Este axioma, «Conócete a ti mismo», estaba escrito sobre el dintel de la puerta de entrada al templo de Apolo en Delfos, en Grecia. Muchos sabios a lo largo de la historia —como Tales de Mileto, que pertenecía al grupo de los siete sabios—, han vivido de acuerdo con esta máxima. ¿Quién soy yo? ¿Qué es lo que me mueve a actuar de esta forma, y no de otra? ¿En qué cosas me vuelco realmente? ¿Qué acontecimientos me roban la serenidad? Solo si gozo de paz interior podré ayudar eficazmente a otras personas. ¿Qué cosas me entristecen? ¿Dónde pongo mi corazón? ¿Cuáles son mis motivaciones reales al tomar decisiones? ¿Me dejo perturbar fácilmente por emociones pasajeras y superficiales? Estas son las preguntas que se formula quien es realmente sabio.

Esta tarea de conocerse y reconocerse a sí mismo constituye un reto constante. ¡Cuántas veces comprobamos

23

que nunca acabamos de conocernos! Ya que cada hombre es irrepetible, inconmensurable, inabarcable, siempre habrá algo en nosotros que vaya más lejos de nuestra propia percepción, algo que se nos escapa. ¿Quién no ha sentido extrañeza ante su propia voz en una grabación, o quién no se ha sorprendido ante una fotografía en la que se aparece de medio lado o de espaldas? Si el reconocimiento a este nivel tropieza ya con dificultades de identificación, cuánto más a niveles más profundos de nuestra personalidad.

Tendemos a vernos bajo apariencias que deforman la realidad. Con gran acierto se ha dicho que sería un gran negocio comprar a alguien por lo que vale y venderlo por lo que cree que vale. Cuántas veces nos engañamos a nosotros mismos con todo tipo de justificaciones y engaños.

En definitiva, la sabiduría del «Conócete a ti mismo» requiere una capacidad de autocrítica que nos permita vernos tal como somos, sin doblez ni engaño. Ser sincero con uno mismo constituye una tarea indispensable para vivir serenamente: quién soy yo, cuáles son mis virtudes y cuáles mis defectos.

PARÓN REFLEXIVO

En su libro *Eichmann en Jerusalén*, la filósofa y gran comunicadora Hannah Arendt describe el secuestro de Adolf Eichmann en Argentina, en mayo de 1960, llevado a cabo por unos agentes israelíes. Eichmann, teniente coronel en tiempos del Nacional Socialismo en Alemania y responsable directo de la Solución Final y de la deportación a los campos de concentración durante la Segunda Guerra Mundial, fue conducido al Estado de Israel para ser juzgado. Tras un largo proceso judicial, fue condenado a muerte, el 1 de junio de 1962.

Para Arendt, la oportunidad de ir a Jerusalén y ver a Eichmann en carne y hueso, resultó ser, más que el cumplimiento de una obligación, una *sanación posterior*, como diría años después. Al igual que muchos otros, la filósofa esperaba vislumbrar en este hombre a un verdadero monstruo, pero su reacción al verlo fue muy distinta. A medida que avanzaba el juicio, crecía su asombro. El oficial alemán no era ese monstruo esperado, ni siquiera una persona siniestra o inhumana, sino tan solo un *Hanswurst*[5], un «mindundi», es decir, una persona insignificante o de poca categoría. Arendt necesitó bastante tiempo de *sanación posterior* para superar el espanto y el sobrecogimiento ante semejante desconcierto.

¿Cómo era posible que ese genocida se mostrase tan insensible ante los crímenes y las torturas, ante el sufrimiento y el padecimiento de millones de seres humanos? ¿Era un enfermo mental, un psicópata? ¿O simplemente los miembros de la población judía se habían convertido, para él y para tantos otros nazis, en «un número más de una estadística», que había que exterminar a toda costa?

El «hombre de la cabina de cristal» —habitáculo en el que estuvo encerrado durante el juicio en Jerusalén— observaba y oía las narraciones de los supervivientes de los campos de exterminio o los testimonios de sus familiares, con la mirada perdida, extraviada, pero de ningún modo serena. Era como si aquellos espeluznantes relatos se

---

[5] Hannah Arendt, *Eichmann in Jerusalem. Ein Bericht von der Banalität des Bösen*, München, 2009, p. 132: «Trotz der Bemühungen des Staatsanwalts konnte jeder sehen, dass dieser Mann kein „Ungeheuer" war, aber es war in der Tat sehr schwierig, sich des Verdachts zu erwehren, dass man es mit einem Hanswurst zu tun hatte».

refiriesen a un asesino ajeno, desconocido por completo para él. Se mantenía distante, indiferente, incluso aburrido, repitiendo una y otra vez: «Soy soldado, me limité a cumplir órdenes. No soy culpable de lo que me imputan».

—Pero usted firmó cada una de estas actas, ordenando así que fueran condenados a muerte miles y miles de judíos —replicó un juez.

—Sí, pero recibí indicaciones expresas de hacerlo por parte de Himmler y Heydrich, mis superiores —respondió Eichmann.

Arendt se dio cuenta de que era un hombre patéticamente cómico; en cierto modo, podría tratarse de un tonto. Pero no, había algo más profundo... Hasta que concluyó que Eichmann era incapaz de pensar.

Pero ¿qué le llevó a dejar de pensar?[6] La respuesta de Arendt la encontramos en la correspondencia que intercambió con el filósofo alemán Karl Jaspers. En ella aludía a la tremenda posibilidad de que el mal fuera un «fenómeno superficial», y esta consideración la llevó a subtitular su libro *La banalidad del mal*. O, más exactamente, *Un relato sobre la banalidad del mal*.

Durante el tiempo del juicio en Jerusalén, Hannah Arendt estaba demasiado impactada para poder trazar un cuadro coherente de sus impresiones sobre el acusado. A medida que el juicio se alargaba, se fue deprimiendo y descorazonando, al comprobar que «todo este asunto era *stink-normal*, indescriptiblemente normal, sin valor»[7]. Y es que sus brillantes reflexiones resultaban un desafío para los tiempos de la posguerra. La filósofa mostró lo más peculiar de

---

[6] Elisabeth Young-Bruehl, *Hannah Arendt. Una biografía*, Barcelona, 2006, p. 416.

[7] *Ibidem*, p. 417.

Eichmann: su mentalidad burocrática, que le hizo afirmar, con jactanciosa pretensión, que «el lenguaje administrativo es mi único lenguaje». A partir de este hecho, Arendt le juzgó incapaz de distinguir el bien del mal, por actuar tan solo a causa de una «obediencia burocrática cadavérica»[8]. Daba así a entender que este «asesino burocrático» no incurría en el mal de modo monstruoso, sino que, sencillamente, era alguien incapaz de distinguir el bien del mal.

La afirmación de Eichmann de que él «no se consideraba un hombre con intenciones perversas, sino alguien que había cumplido su deber a conciencia», se convirtió en un reto enorme para Arendt. Entendió que los jueces no querían afrontar lo que estas palabras realmente encerraban. El tribunal no podía aceptar que alguien normal, ni débil mental, ni ignorante, ni cínico, pudiera ser incapaz de distinguir el bien del mal. Prefirieron deducir, de las mentiras ocasionales de Eichmann, que era un embustero. Así evitaban el desafío moral y jurídico más apabullante del caso.

En las conferencias en las que abordó el tema del mal —posteriormente tituladas *Sobre el mal*[9]—, Hannah Arendt quería dar contestación a la pregunta que permanentemente la asediaba: ¿cómo es posible que haya ocurrido todo esto? Con el nazismo se había descoyuntado la moral y mucha gente se guiaba solo por costumbres, manías y convenciones, pero no solo los criminales, sino también, en gran parte, la gente normal. Arendt argumentaba que nadie quiere ser malo, y que si alguien hubiese actuado

---

[8] Hannah Arendt, *op.cit.*, p. 25: «Das bestimmende Motiv Eichmanns neben persönlichem Ehrgeiz in einer irregeleiteten Pflichterfüllung und einem bürokratischen Kadavergehorsam lag».

[9] Hannah Arendt, *Über das Böse. Eine Vorlesung zu Fragen der Ethik*, München, 2009.

con maldad habría caído en el «absurdo moral» de estar en contradicción consigo mismo. Y, por tanto, debería detestarse. Sin embargo, es obvio que este aborrecimiento de sí mismo no es suficiente, por sí solo, para garantizar la legislación de un pueblo. ¿Y por qué no es suficiente? Porque el ser humano puede engañarse a sí mismo, y en esto consiste precisamente el punto verdaderamente débil de la naturaleza humana. Al perder su coherencia, pierde también su paz interior, aunque hacia fuera dé la impresión de ser una persona intrínsecamente serena.

Así lo vio también Dostoievski, por citar tan solo a un gran escritor que conseguía entrar en las profundidades de la naturaleza humana. En *Los hermanos Karamazov*, el mayor de ellos, Dimitri, pregunta al monje sabio: «¿Qué tengo que hacer para ser redimido?». El monje contesta: «Antes que nada, no te engañes a ti mismo». Dostoievski reconoce la más completa y extrema forma del mal en la disolución de la personalidad a través del autoengaño, porque su acción es fundamentalmente disolvente y disgregadora. Una personalidad en la cual se insinúe y prevalezca la presencia del mal, tiende a disolverse.

Para poder describir el mal hay que saber cómo evitarlo. Y para ello Arendt considera la moral de Kant como del todo insuficiente, al no separar nítidamente la legalidad de la moralidad. Eichmann se habría comportado de acuerdo al «imperativo categórico adaptado al uso doméstico de gente sencilla». En esa aplicación «de modo doméstico» la propia voluntad no se diferencia de la ley. Al contrario, se identifica con ella[10].

---

[10] Hannah Arendt, *Eichmann in Jerusalem*, op.cit., p. 233: «Dennoch entspricht Eichmanns unbewusste Entstellung dem, was er selbst „den kategorischen Imperativ für den Hausgebrauch des kleinen Mannes"

De este modo, Arendt llega a la conclusión de que la filosofía de Kant no solo no es una ayuda para entender a los asesinos nazis, sino más bien una excusa para esconderse detrás de la legalidad y negar sus propias acciones y, sobre todo, sus consecuencias nefastas. De este modo, sería muy fácil desentenderse automáticamente de la responsabilidad personal, y esto es precisamente lo que le llevó a la filósofa a repetir en numerosas entrevistas su mantra favorito: *Stop and think!* [¡párate y piensa!].

Reflexionar nos obliga a empaparnos de la serenidad necesaria para apreciar la vida en su totalidad. Nos ayuda también a mantener un estado de ánimo apacible y sosegado aun en las circunstancias más adversas, esto es, sin exaltarnos o deprimirnos, encontrando soluciones mediante una reflexión detenida y cuidadosa, sin agrandar o minimizar los problemas y, sobre todo, sin huir de la responsabilidad de afrontarlos.

En sus discursos, Hannah Arendt se apoya con frecuencia en las reflexiones de Sócrates, citando, sobre todo, el diálogo *Gorgias o de la retórica*: «Se ha repetido la frase, pero la diré otra vez sin detrimento. Que quien comete injusticia es peor que quien la padece». Arendt comenta esta frase del siguiente modo: «Si cometo injusticia estoy condenada a vivir en una intimidad insoportable con un cometedor de injusticias, y no podré separarme ya jamás de él»[11].

---

nannte. In diesem „Hausgebrauch" bleibt von Kants Geist nur noch die moralische Forderung übrig, nicht nur den Buchstaben des Gesetzes zu gehorchen und sich so in den Grenzen der Legalität zu halten, sondern den eigenen Willen mit dem Geist des Gesetzes zu identifizieren –mit der Quelle, der das Gesetz entsprang».

[11] Hannah Arendt, *Über das Böse*, op.cit., p. 185-186: «Wenn ich Unrecht tue, bin ich dazu verdammt, in unerträglicher Intimität mit einem Unrechttuenden zusammenzuleben, ich kann ihn nicht loswerden».

Para entender con más precisión esta afirmación, hemos de tener en cuenta que, cuando una persona miente sistemáticamente, su personalidad se disocia, se aliena y se duplica. Su percepción de la realidad está alterada. En pocas palabras: por vivir con un extraño irritante bajo el mismo tejado, pierde la serenidad y vive en discordia consigo mismo. Friedrich Nietzsche ha expresado este estado psicológico con gran precisión: «Esto he hecho, dice mi memoria. Esto no puedo haberlo hecho, dice mi orgullo, y permanece inconmovible. Finalmente, es la memoria la que cede».

Recurrimos de nuevo a Dostoievski quien, con una psicología profunda y cabal, lo describe en *El doble*, una novela de juventud que fue un fracaso al salir a la luz, pero luego fue muy valorada. Aquí el protagonista, Yakov Goliadkin, no se reconoce o, mejor dicho, no quiere reconocerse en su propio doble, depravado y deshonesto, y, en consecuencia, trata de verlo como un simple fantasma, como algo que en realidad no existe. Juzga que el verdadero «sí mismo» es su lado recto y honesto, mientras el doble, roñoso y mezquino, es irreal y fantástico. Sin embargo, esta tentativa de reconocer solo lo mejor de sí no da el resultado esperado, porque el *alter ego* acompaña al *ego*, de modo que la convivencia entre ambos es inaguantable. Entre ellos existe una verdadera y constitutiva separación.

Siguiendo a Arendt en sus reflexiones acerca de la frase de Sócrates en el *Gorgias*, vemos que coincide con el filósofo ateniense en pensar que el que comete injusticia vive en contradicción consigo mismo y, por ese motivo, todos deberíamos evitar a toda costa hacer el mal porque nos privaría de la tan necesaria serenidad.

Antes de continuar con nuestra exposición sobre la importancia de llevar una vida coherente que nos permita vivir con serenidad, queremos ahondar en el consejo de Hannah Arendt sobre la importancia de «pararse y pensar». Efectivamente, la filosofía siempre mantuvo una actitud reflexiva y crítica frente a la vida, frente a la realidad. Sócrates era conocido como "el tábano de Atenas"; con sus picotazos animaba a adquirir una actitud reflexiva y crítica para entender qué son el mundo, el bien, la justicia, la solidaridad, la educación. A través del método de la Mayéutica[12] ayudaba a sus discípulos a prescindir de las ideas engañosas de los embaucadores y charlatanes, para descubrir y adentrarse en las ideas que fundamentaban la verdadera sabiduría.

Así lo han hecho muchos sabios y eruditos a lo largo de los siglos. Sin embargo, el filósofo Martin Heidegger en una conferencia sobre la serenidad, pronunciada el 30 de octubre de 1955 en Messkirch, su ciudad natal, destacaba con preocupación la «escasez de raciocinio» y a veces su «ausencia total». Advertía, ya en aquellos años de la posguerra, la falta de pensamiento como un «huésped inquietante que entraba y salía por todas partes»[13]. Huir del esfuerzo que supone reflexionar sobre las cosas y, por encima de todo, sobre el actuar humano y sus repercusiones, lleva a dejar de pensar.

---

[12] Esta palabra emana del vocablo griego *maietikos* y significa «ayudante en el parto».

[13] Martin Heidegger, *Gelassenheit*, Stuttgart, 2004, p. 11: «Wir alle sind oft genug gedanken-arm; wir alle sind allzu leicht gedanken-los. Die Gedankenlosigkeit ist ein unheimlicher Gast, der in der heutigen Welt überall aus- und eingeht».

Lo cierto es que determinados modos de actuar del hombre de hoy parecen asegurar lo contrario de lo que apuntaba el filósofo alemán. ¿Hay realmente hoy una carencia de pensamiento? En ninguna época como en la actual ha habido tantos planteamientos distintos, tanta indagación, tantos sondeos y encuestas, jamás se ha explorado como hoy ni se ha investigado con la pasión de nuestros actuales investigadores. Pero este modo de pensar no deja de ser técnico, calculador y funcional, y a eso parece haberse reducido hoy el uso de la inteligencia.

No tenemos nada que objetar a la técnica excepto su función hegemónica y totalizante. Lo que se observa de modo dominante es el mero calcular, aquel tipo de pensamiento utilitarista que, si bien es necesario en nuestra vida, no es de recibo cuando pasa a ser la única forma de pensar, sobre todo cuando arrebata todo proceso de reflexión acerca de lo verdaderamente humano. El pensamiento calculador se apoya en nuevas posibilidades y ofrece expectativas cada vez mayores, fruto a veces de un enardecimiento por su propia superación. Pero no reflexiona sobre el verdadero motivo de su acción febril que, a la postre, nos lleva a acometer todo lo que es técnicamente posible sin dejar apenas tiempo para reflexionar sobre su sentido humano.

Para no acabar en una imagen reductiva del hombre es importante distinguir, con Heidegger, entre el «pensamiento calculador» y la «reflexión meditativa». Ambos tipos de pensar son justificados y necesarios[14]. El pensamiento únicamente calculador elimina el ideal clásico del

---

[14] *Ibidem*, p. 13: «So gibt es denn zwei Arten von Denken, die beide jeweils auf ihre Weise berechtigt und nötig sind: das rechnende Denken und das besinnliche Nachdenken».

hombre sabio, para sustituirlo por el del hombre eficiente, el experto, en el que la razón cuantificadora toma el timón del conocer. El conocimiento se hace, entonces, simplemente extensivo: se trata de conocer más cosas, y no de conocer lo que las cosas son o de conocer mejor. A este modo calculador de pensar apuntó ya hace siglos Thomas Hobbes, cuando en su libro *Leviatán* afirma: «Conocer una cosa es saber lo que puedo hacer con ella cuando la poseo»,[15] lo que exige disponer de la técnica para usar y dominar las cosas, manipularlas, someterlas a unos objetivos circunstanciales y si es necesario efímeros.

Pero esta ciencia nada nos dice, ni pretende decir, acerca de lo que las cosas son. Tan solo se justifica por sus resultados tecnológicos o por su beneficio monetario. Por medio de este desarrollo tecnológico, en el que no se reflexiona sobre los fundamentos del ser humano, se acaba por establecer un cambio radical antropológico que no tiene en cuenta los fundamentos neurobiológicos y antropológicos de la felicidad.

La hegemonía del pensamiento calculador representa un peligro para el actuar del hombre, pues su óptica es muy estrecha. ¿Por qué decimos que este pensamiento ve las cosas a través de unas gafas que son como anteojeras? Sencillamente, por no dar contestación al «para qué» de sus realizaciones. De este modo se pasa del *actuar* al puro y simple *hacer*: yo *actúo* cuando realizo acciones con un objetivo final, que integro en el contexto de acciones que me llevan a una vida lograda, mientras que simplemente *hago algo* cuando realizo cosas prescindiendo del «para qué» de esas realizaciones, desconociendo su objetivo final, lo cual me lleva a negar mi responsabilidad en ese hacer. Ni que decir tiene que el mero *hacer* es instrumental. Por medio de él, fácilmente se utiliza a

---

[15] www.infidels.org/library/historical/thomas_hobbes/leviathan.html

las personas como simples instrumentos para conseguir objetivos de corto alcance: por ejemplo, ganar dinero por encima de todo, sin reparar en otros aspectos humanos de envergadura que se vean afectados en ese empeño.

Pensamos que para llevar una vida serena es imprescindible reflexionar sobre el ser humano en su totalidad y no detenerse únicamente en el pensamiento calculador. Para vivir sereno el hombre ha de ampliar el horizonte de lo meramente empírico y aspirar a cimas espirituales en las que se respira el espíritu libre. La sola legislación o la sola ciencia empírica no sirven para nada si el espíritu del *ethos* del político, del científico o del empresario no es en sí mismo bueno, pues es precisamente ese *ethos* individual el que verdaderamente forja el carácter y protege la propia libertad y paz interior.

III
REPRESENTACIONES MENTALES

Todo el mundo piensa en cambiar el mundo,
pero nadie piensa en cambiarse a sí mismo.

LEO TOLSTOY (1828-1910)

CUANDO NOS SENTIMOS FRUSTRADOS

Como consecuencia del «Conócete a ti mismo» podremos detectar no solo nuestras debilidades, sino, sobre todo, aquello que origina o contribuye a nuestros estados de ansiedad, molestia, frustración o insatisfacción. La serenidad proviene de nuestro interior y una tarea importante consiste en descubrir aquellos efectos nocivos que puedan afectarla o destruirla.

¡Tenemos tantos problemas! Y a veces parece como si nadie se diera cuenta de las múltiples tareas que hemos de resolver al mismo tiempo: trabajar, estudiar, encargarnos del hogar, ajustar nuestro presupuesto y seguir cumpliendo con nuestras responsabilidades. Parece imposible que, en medio de tantas preocupaciones y contratiempos, podamos conservar la serenidad para resolver todo sin caer en la desesperación ni afectar a los demás con nuestra impaciencia. Pero los problemas no se resuelven por sí solos. Al contrario, en caso de no buscar soluciones, los problemas, por lo general, se agrandan. La falta de serenidad es un indicio claro de que no hemos sabido gestionar los problemas, que se convierten en conflictos y que son la causa de diferentes frustraciones.

Un conflicto es un desacuerdo persistente entre personas o entre colectivos humanos. Los motivos que los desencadenan son bien variados —una interpretación deformada en la comunicación, intereses opuestos, incompatibilidades, envidias—, pero en el fondo reflejan la necesidad oculta de ceder el paso a lo que los neurobiólogos denominan «representaciones mentales» o «imágenes mentales», que fácilmente pueden convertirse en «representaciones limitadoras».

Las «representaciones mentales» son actitudes que se han ido formando como consecuencia de las más diversas experiencias que hemos tenido a lo largo de nuestra vida y que nos han llegado «muy adentro». Es entonces, bajo el influjo de estas experiencias, cuando en el cerebro se segregan las sustancias mensajeras neuroplásticas que actúan como fertilizantes para el cerebro. Estas actitudes y disposiciones se acomodan en el cerebro formando una serie de redes neuronales que se unen a las emociones y decidirán cómo voy a usar mi cerebro[1].

Aquello por lo que una persona se decide a poner toda la carne en el asador durante su proceso de toma de decisiones, no viene dado necesariamente por motivos o criterios objetivos. Son más bien estimaciones subjetivas las que van a determinar si la actuación interesa o no a quien la va a ejecutar. Dependiendo de nuestra valoración

---

[1] Gerald Hüther, *Was wir sind und was wir sein könnten. Ein neurobiologischer Mutmacher*, Frankfurt am Main, 2013, pp. 66-73.

personal, de los diferentes hechos y acontecimientos, así nos conduciremos. La valoración que hacemos de algo depende, en primer término, de la «representación mental» o «convicción» que cada uno se haya forjado a lo largo de su vida, lo cual nos hace ver las cosas con ojos diferentes[2].

Podemos preguntarnos ahora, ¿qué ocurre si esas «imágenes interiores» o «representaciones mentales» que se han ido formando en nuestro cerebro mediante patronos neuronales se transforman en «creencias limitadoras»? Ciertamente, ninguno de nosotros ha nacido provisto de conductas patológicas que lo convierten en un «cenizo», en un cascarrabias, en un aguafiestas o en un «obseso cumplidor de reglamentos», pero, si repetimos una serie de actos que llevan a esas actitudes podemos, a lo largo de la vida, transformarnos en uno de ellos. En consecuencia, esa excusa fácil que utilizamos cuando nos mostramos desabridos o pesimistas —«es que soy así»—, deberíamos sustituirla por la frase «me he hecho así», al instalarme en la queja y en la amargura.

Las «creencias limitadoras» que se forman poco a poco en mi mente pueden ser un lastre y convertirse en «cadenas pesadas», difíciles de romper, salvo que yo mismo esté dispuesto a intervenir con decisión sobre mi corazón, «despidiéndome» de algo dañino a lo que estoy aferrado, pero que resulta necesario para mi propia sanación. El premio Nobel de Literatura Hermann Hesse lo describe con

---

[2] Antiguamente se decía: «Quidquid recipitur ad modum recipientis recipitur», *véase: Tomás de Aquino, Summa Theologiae*, 1a, q. 75, a. 5; 3a, q. 5. Tal expresión viene a significar: «Lo que se recibe, lo que se conoce, lo que se adquiere, toma la forma del que lo recibe, conoce o adquiere». Es una perspectiva hecha desde el sujeto que da forma, interpreta y «colorea» los datos recibidos.

gran acierto en su poema «Escalones» (*Stufen*): «Ánimo corazón, despídete para sanar»[3].

Ni que decir tiene que esas «creencias limitantes» que se han transformado en «cadenas pesadas» fácilmente nos roban la serenidad y la paz interior. Esto se debe a que esas ideas que han acaparado nuestra atención se han unido a diferentes estados emocionales que ahora son difíciles de erradicar sin la ayuda de una verdadera conversión o cambio paradigmático. ¡Cuántas veces son estas ideas firmemente ancladas en nuestra mente, la causa de tantas desavenencias e incomprensiones! Dado que son el resultado de interpretaciones falsas de la realidad, esta visión errónea de los hechos es la que origina tantos conflictos y enemistades que acaban por despojarnos de la serenidad y de la paz interior.

De hecho, muchas frustraciones empiezan desde la pura nada, pero bajo el influjo de patronos neuronales desquiciados: un silencio, una omisión, una presuposición, un olvido, una creencia, una petición no expresada, un derecho imaginario... En realidad, nada ha ocurrido salvo un desacuerdo que fácilmente conduce a una frustración. Y, por lo tanto, a un problema que hay que solucionar.

Para ser una persona que tiene paz y da paz se requiere con frecuencia un nuevo modo de pensar, un cambio que es costoso, porque nos obliga, como hemos visto, a «rasgar nuestro corazón», es decir, a establecer nuevas

---

[3] Hermann Hesse destaca en su poema *Stufen* (Escalones) la necesidad de influir e intervenir sobre el propio corazón para poder sanar; despidiéndonos para ello de creencias limitadoras a las que nos habíamos apegado y que por eso tenemos muy metidas dentro de nuestro corazón: «Wohlan denn, Herz, nimm Abschied und gesunde!».

prioridades. De ahí la importancia de acudir a una persona de confianza, o a un buen médico con empatía, que reconozca esas deformaciones y nos ayude a encauzarlas convenientemente para sanar.

EQUIVOCARSE ES HUMANO

Errar es humano (*errare humanum est*), así decían los antiguos romanos. Esta sencilla frase nos recuerda una verdad indiscutible: ninguno de nosotros estamos vacunados contra el error. Parece como si reconocer esta realidad, aceptar que hemos cometido un fallo, nos convirtiera en seres más débiles; sin embargo, es realmente al contrario: reconocer los propios errores es una clara señal de fortaleza humana. Significa que somos capaces de mirar a nuestro interior, aceptar que podemos equivocarnos y, desde ahí, solucionar eficazmente el error cometido.

A veces nos exigimos cosas que nos superan, tan solo por corresponder a las expectativas de una persona o de un colectivo. Un entorno psicosocial favorable fomenta el buen rendimiento y el desarrollo personal, así como el bienestar mental y físico del trabajador. Pero ¿qué ocurre cuando dicho entorno no es tan favorable y alguien pretende corresponder a unas expectativas que exceden sus capacidades de compromiso? Esas expectativas –del jefe, del cónyuge, de un nuevo cliente, e incluso fruto de la imagen que nos hemos hecho de nosotros mismos– podrían ser reales pero también falsas, por ser producto de nuestra imaginación o de un mundo ficticio o perturbado.

En muchos casos los modelos propuestos por la cultura contemporánea son ciertamente difíciles de imitar.

Basta pensar en las tallas de ropa propuestas por las pasarelas de moda, en los horarios laborales ilimitados de algunas auditorías o bancas de inversión que operan en todo el mundo. Los rostros de los maniquíes, desde los escaparates de las tiendas, nos contemplan con una actitud y unas facciones inimitables. El listón siempre está más arriba de donde estamos nosotros. Auditores, bomberos, pilotos, controladores aéreos, deportistas de élite, economistas, ejecutivos, profesores, periodistas, programadores informáticos, amas de casa o empleadas de hogar, todos ellos deben adaptarse a los nuevos cánones de la presión social o de las relaciones sociales y laborales. ¿Cómo sobrevivir en ese jardín que hemos convertido en selva, huyendo de unos plazos de tiempo que parecen perseguirnos a gritos, exigiendo que las cosas estén hechas *ya, hoy y ahora*?

Se trata de aceptarnos como somos, con nuestras limitaciones y debilidades, libres de esa angustia que nace de nuestras «representaciones limitadoras», pero con el deseo de crecer y madurar de acuerdo con nuestras posibilidades. El que quiere de verdad puede más de lo que piensa. Sabrá desenvolverse con más sabiduría y elegancia en medio del barullo que nos envuelve a diario, ante situaciones que resquebrajan nuestro afán de seguridad, como por ejemplo un accidente o una enfermedad.

Quien ha quedado hemipléjico por un accidente y, gracias a una rehabilitación disciplinada y sacrificada, logra recuperar parte de su movilidad, gozará por lo general más que quien le acaba de tocar un buen premio en la lotería. El fruto del esfuerzo siempre tiene un plus de valor y contribuye con más intensidad a la verdadera felicidad de esa persona.

El reto, por tanto, consiste en saber actuar con serenidad y confianza en medio de los avatares diarios y, por lo tanto, llevar una vida que nos ayude a disfrutar más de lo bello de este mundo, al considerar las cosas desde un ángulo más sereno, sabiendo *ver los errores como oportunidades* para aprender. Así, sabremos levantarnos después de cada tropiezo, de cada caída, para seguir viviendo con serenidad, a pesar de los numerosos errores y equivocaciones que hayamos tenido.

¿Cabe imaginar a alguien de ochenta años aprendiendo chino? Ciertamente no sería posible si se limitase a acudir a una escuela de idiomas. Pero la cosa cambia si ese señor se enamora de una china de sesenta y cinco años con la que compartir su vida matrimonial en Jinzhong. Gerald Hüther[4] y otros investigadores del cerebro han podido demostrar la recíproca permeabilidad entre el cerebro y los centros emocionales. Es la capacidad de entusiasmarnos lo que contribuye, de manera decisiva, a que el cerebro desarrolle todo su potencial. Así sí se puede aprender chino.

SABER CONDUCIR MI VIDA

Hemos de insistir una vez más en que, para vivir serenamente, hemos de saber hacer justicia a la realidad, formar nuestros intereses mediante el contenido valioso de la realidad. Cuántas veces la frustración no es fruto de un problema real, sino simplemente de no aceptar una realidad. Las personas inmaduras emocionalmente niegan la

---

[4] Gerald Hüther, *op. cit.*, 2013.

realidad en sus mentes y cuando ven que el mundo no se ajusta a sus gustos y exigencias, se encolerizan. De este modo crean un gran desasosiego dentro y fuera de ellas.

Amar lo que es, es el título de un libro publicado por la autora estadounidense Byron Katie, orientado a acabar con la insatisfacción personal[5]. Invita a aceptar y reconocer la realidad de nuestro entorno, sin resignarse a lo que hay, y amar nuestras circunstancias para mejorar desde ese punto de partida. Ella misma comprendió que lo que causaba su depresión no era el mundo alrededor suyo, sino las «representaciones limitantes» que se había forjado respecto a ese mundo. «Lo que provoca nuestro sufrimiento no es el problema, sino lo que pensamos sobre el mismo». Esta autora del sur de California sostiene que «la realidad es siempre más amable que las historias que contamos sobre ella», y que cualquier enfado que tengamos con los demás es, en el fondo, algo de nosotros mismos que nos molesta. Por eso desearíamos cambiar a los demás, porque resulta más fácil exigir la transformación del otro que la de uno mismo. Perdemos los nervios, nos desequilibramos y nos atormentamos porque los demás no amoldan su vida y su conducta a la nuestra. Y por eso les acusamos de ser la causa de nuestras desdichas.

Para transformarnos y cambiar nuestro modo de pensar hemos de aprender a conducir nuestra vida, más que a dejarnos llevar. Conducir y no ser conducidos. Tarea de la formación es esclarecer el contenido valioso de la realidad, descubrir los diversos intereses objetivos. ¡Cuántas veces pensamos que las soluciones han de ser agradables y fáciles! Pretendemos que nos beneficien a costa del perjuicio

---

[5] Byron Katie, Stephen Mitchell, *Amar lo que es. Cuatro preguntas que pueden cambiar tu vida*, Madrid, 2009.

del otro. Pero no todas las alternativas son fáciles, la paz y la serenidad también tienen un precio. El problema serio es que las partes no quieren pagarlo: desean una solución sin concesiones, sin cambios por su parte. No es un escenario realista.

La falta de aceptación de la realidad la percibimos por todas partes. Nos engañamos para saltarnos la dieta prescrita por el médico. Mucha gente piensa que el cuerpo humano funciona como una máquina, cuyas piezas serían sustituibles sin mayor problema. No hay ya problema para cualquier exceso, habrá recambios.

El cerebro es un órgano que detecta múltiples amenazas, tanto si provienen del mundo exterior como del interior. Para gestionar las consecuencias de esas amenazas, podemos autoengañarnos recurriendo a soluciones pasajeras a corto plazo. Son arreglos breves que no hacen más que empeorar la situación en vez de contribuir a la serenidad y a la paz interior. Así, por ejemplo, si alguien tiene un problema con su amigo, con su jefe, consigo mismo o con una situación determinada, puede solucionarlo embriagándose. Pero en cuanto haya desaparecido la embriaguez, los verdaderos problemas aflorarán de nuevo. Si este modo de gestionar problemas se repite, el cerebro se irá acostumbrando y poco a poco necesitará más alcohol para superar el síndrome de abstinencia. Finalmente, los problemas aumentarán hasta llegar a un cuadro clínico de insuficiencia hepática.

No hace falta insistir aquí en las numerosas seducciones a las que el ser humano puede someterse con ánimo de calmar su cerebro cuando este se ve amenazado por influencias tóxicas. Ante diferentes modos de querer calmar nuestras inquietudes pueden surgir otras ansiedades incluso peores, que nos afecten y afecten también a los demás.

43

Solo hay dos modos de explicarme a mí mismo que con *esa solución* no lograré mi propósito. En primer lugar, porque he actuado sin pensar en las consecuencias de mi comportamiento. Reflexionar sobre las consecuencias resulta costoso, y muchas veces puedo no tener ganas.

Pero también sería posible que me esmere en reflexionar, pero no encuentre un buen modo de actuar, porque estoy atrapado por mis «representaciones limitantes», que pueden haberse convertido en «cadenas pesadas» que me impiden ver la realidad. A quien le sucede esto, está «aprisionado en una jaula» y no puede escapar, al no reflexionar de verdad sobre las cosas importantes de la vida. Prefiere remitirse a sus habituales prejuicios y justificarse, que cuestionar sus propias convicciones.

COHERENCIA

Al comienzo de nuestro ensayo habíamos acordado en definir la serenidad como la paz en la adversidad, la calma en la dificultad, lo cual no deja de ser un reto permanente. Cuando san Agustín, ya anciano, escribía: «La paz de todas las cosas es la tranquilidad del orden»[6], lo hacía desde la experiencia de quien llevaba años entre todo tipo de tareas, retos y contradicciones de gran peso y en una época convulsa. Al referirse, por lo tanto, a la importancia de vivir en la tranquilidad del orden, no lo hace desde el sosiego, sino desde el fragor de una vida ajetreada. La tranquilidad en el orden fue, para este gran teólogo, una conquista cotidiana. Alcanzar el equilibrio que conlleva orden y serenidad

---

[6] San Agustín, *De civitate Dei* 19,13.1: «Pax omnium rerum tranquillitas ordinis».

implica un esfuerzo constante, pero guardar este orden interior, que equivale a llevar una vida coherente, resulta, desde el punto de vista neurobiológico, muy favorable, porque es el estado cerebral que menos energía consume.

Gerald Hüther nos dice que el modo específico de trabajar del cerebro es optimizar para «ahorrar energía»[7]. Como cualquier sistema viviente, el cerebro humano consume la menor cantidad de energía posible cuando guarda su orden interior, todo encaja bien y todas las áreas cerebrales están armónicamente engarzadas entre sí. Cuando el pensar, sentir y actuar van al unísono y las expectativas personales no se convierten en utopías imposibles o desafíos casi inalcanzables, es entonces cuando el cerebro requiere el mínimo consumo de energía.

Esto ocurre también cuando conseguimos superar esas «representaciones limitantes» que son el origen de tantas disonancias cognitivas en las relaciones interpersonales. De ahí la importancia y el valor de saber cuestionarnos nuestras «representaciones mentales» y de no perder las ganas de mejorar y también de reflexionar[8].

Pero al presentarse nuevos problemas que causan desorden interior, el cerebro tiene que consumir mucha energía para poder reestablecer nuevamente la armonía. Es entonces

---

[7] Gerald Hüther, *Etwas mehr Hirn, bitte. Eine Einladung zur Wiederentdeckung der Freude am eigenen Denken und der Lust am gemeinsamen Gestalten*, Göttingen, 2015, pp. 81-84. «Es gibt eine Grundregel, die die Arbeitsweise des Gehirns bestimmt und die heißt: Energie sparen».

[8] Gerald Hüther, *ibidem,* pp. 20-22: «Wenn die betreffende Person dann aber immer noch nicht darüber nachzudenken beginnt, wieso sie mit diesen Vorstellungen unterwegs ist, obwohl sie damit doch nicht weiterkommt, so ist auch das ein Zeichen dafür, dass ihr die Lust am eigenen Denken –wenn es sie selbst betrifft– irgendwie verlorengegangen ist. Lieber hält sie an ihren bisherigen Vorstellungen fest, als sie zu hinterfragen».

cuando las «representaciones mentales» grabadas en nuestro cerebro bajo diferentes patrones de redes neuronales se oponen obstinadamente a cambiar y reorganizarse, para evitar un mayor consumo de energía. Pero en otros casos, y esto es lo agradable y apasionante de este proceso, la mente se abre y el cerebro incorpora los nuevos conocimientos adaptándose a las nuevas situaciones, gracias a las nuevas reestructuraciones cerebrales y a los procesos de adaptación. De este modo se restablece el orden interior. Esto ocurre constantemente durante nuestra vida. El aprendizaje implica una reorganización cerebral permanente.

No somos conscientes de la puesta en marcha de estos procesos de acomodación y reorganización cerebrales; sin embargo, gracias a la resonancia magnética funcional para imágenes, lo que está ocurriendo en el cerebro se puede visualizar en tres dimensiones con una notable definición espacial. En esas imágenes se constata que han tenido lugar unos procesos de remodelación de las redes neuronales y de los diferentes moldes cerebrales. Así, las estructuras cerebrales vuelven a ensamblarse y acoplarse entre sí, adquiriendo una armonía dinámica, no estática. Este estado es lo que la Neurobiología denomina «coherencia».

COHERENCIA Y VERDAD

Hemos insistido en que una de las notas de la personalidad madura es la capacidad de conjugar el despliegue de una actividad intensa con el orden y la paz interior. Alcanzar este equilibrio o coherencia implica adaptarse e integrar los nuevos conocimientos y dificultades de modo que salgamos fortalecidos y enriquecidos. La coherencia de la que venimos hablando se edifica en un flujo constante que nos permite reestablecer una y otra vez nuestro orden interior, pero siempre en consonancia con la verdad, sin engaños ni tapujos.

Resulta descorazonador el hombre que ha renunciado a la verdad, sobre todo porque ha hecho un pacto con la doblez y con la disociación de su persona. Desde el punto de vista neurobiológico, eso supone un gasto de energía muy elevado. Es cierto que quien se aleja de la verdad en contra de su voluntad, por engaño o ignorancia, merece nuestra compasión. ¿Qué decir, en cambio, de quien se abraza voluntariamente a la mentira, a sabiendas de que lo es? Quizás la palabra que mejor define lo contrapuesto a la coherencia sea «farsa», que es aquello que pretende aparentar ser real. En la realidad distinguimos dos planos: uno externo, aparente, manifestativo; otro, interno, sustancial, que en aquel se manifiesta. Aquella realidad tiene la misión ineludible de ser expresión adecuada de esta; si no, es una *farsa*. Esta realidad interna tiene, a su vez, la misión de manifestarse, exteriorizarse en aquella; si no, es también *farsa*. Una persona que defiende unas opiniones que en el fondo le traen sin cuidado, es un farsante, del mismo modo que quien está convencido de esas opiniones, pero no las defiende con denuedo, es otro farsante.

La verdad de esa persona estriba en la correspondencia fiel entre el gesto y el espíritu, en la adecuación entre lo externo y lo íntimo. Para quien lo más despreciable del mundo es la *farsa*, tiene que ser lo mejor del mundo la sinceridad[9]. Decía Ortega que «la vida, sin verdad, no es vivible, y que la verdad es la única necesidad incondicional del hombre».

---

[9] José Ortega y Gasset, *Caracteres y circunstancias*, Madrid, 1957, pp. 82-83.

IV
AUTOGOBIERNO

La vida, en el mejor de los casos,
es una síntesis creadora de contradicciones en fructífera armonía.

MARTIN LUTHER KING (1929-1968)

AUTORREALIZACIÓN O AUTODESTRUCCIÓN

Queremos ahora dirigir nuestro foco de atención al contenido del concepto autogobierno, que ha sido motivo de estudio por muchos expertos en Neurobiología, especialmente por Joachim Bauer[1], y que está en la raíz de la serenidad y de la coherencia. Gracias al autogobierno somos capaces de alcanzar muchas cosas en la vida. Sin él, casi nada. Un buen autogobierno está íntimamente relacionado con la salud y el bienestar de una persona.

De acuerdo con los expertos en investigación cerebral, podemos distinguir en el cerebro dos sistemas fundamentales que a lo largo de su desarrollo han de intervenir, complementándose armónicamente. Por un lado, apreciamos

---

[1] Véase para ello su libro *Selbststeuerung. Die Wiederentdeckung des freien Willens*, München, 2015.

el denominado sistema basal, que actúa de abajo arriba (*bottom-up*); vulgarmente se conoce como *sistema reptiliano*, y nos hace desear instintivamente una chuche, un dulce, las imágenes de un videojuego, un estímulo mediático o cualquier otra cosa que queremos de modo imperativo en este preciso momento. Y todo ello, sin reflexionar sobre esos deseos espontáneos y preceptivos.

Por otro lado, está el sistema que actúa de arriba abajo (*top-down*), localizado en las redes neuronales del cerebro prefrontal o corteza prefrontal, y que significa una gran ayuda para gobernar adecuadamente los diferentes impulsos del *sistema reptiliano*; reflexiona sobre los impulsos y estímulos procedentes de la parte basal del cerebro. El proceso implicado en el desarrollo y la formación de la corteza prefrontal que ocurre a partir de los dos primeros años cumplidos lleva un nombre: *educación*. Ese arte que consiste en conducir al alumno a través del escollo de las ideas equivocadas que cada uno tiene sobre su propia persona (ideas que a veces suelen reforzar pedagogos prepotentes o ansiosos de ganarse las simpatías del alumno), ayudándole a encontrarse realmente a sí mismo.

Estos conocimientos que se apoyan en experimentos científicos de los últimos veinte años nos invitan a saber tomar las riendas de nuestro día. Llevamos así una vida más *eudaimónica*, cuya traducción más acertada, como habíamos visto, es *vida lograda*, que no equivale necesariamente a decir una vida exitosa. No se trata de una felicidad a bajo precio o fugaz. Nada de *low cost* ni de *fast food*, ni de *just do it*! Sino de una felicidad que actúa de acuerdo a metas a largo plazo, que sabe darle un sentido a lo que lleva entre manos[2]. Con sus parones reflexivos

---

[2] Joachim Bauer, *ibidem*, pp. 12-13.

acierta para establecer prioridades o para profundizar en ciertos conocimientos que le invitarán a cambiar en su modo de pensar. Recordemos nuevamente la exhortación sencilla, pero sumamente lúcida, de Hannah Arendt, «párate y piensa», porque reflexionar no solo nos ayuda a evitar los caminos erráticos, sino también a integrar las diversas facetas de nuestra vida: familia, trabajo, relaciones sociales, ocio, etc.

La Neurobiología dispone de numerosos estudios experimentales que demuestran que aquellas personas que tienden hacia la *felicidad eudaimónica* presentan en las redes neuronales de su corteza prefrontal un modo de actuar de acuerdo a un patrón: aquel que favorece una vida más saludable. El autogobierno favorece indiscutiblemente una vida más serena y más saludable.

Por el contrario, aquellas personas que únicamente viven de acuerdo con el *principio hedónico* del *just do it*, que no sabe privarse de nada, dejándose dominar por el *sistema reptiliano*, no solamente se alejan de la paz interior, sino que además presentan una red neuronal con una actividad genética que favorece el cáncer y las enfermedades cardiovasculares o neurodegenerativas, como la demencia. Son también más propensos a infecciones virales[3].

Lo que acabamos de decir no significa que haya que reprimir todos los impulsos que procedan del *sistema reptiliano*, ni tampoco que haya que operar sobre ellos, adiestrándolos, como si fuéramos domadores de animales enjaulados. No se trata de reprimir nuestros instintos mediante un control ciego, sino de saber integrarlos positivamente en el contexto de la personalidad. La alegría de vivir y de disfrutar de las cosas buenas de la vida es

---

[3] Joachim Bauer, *ibidem*, p.17.

esencial para nuestra salud. Por eso se entiende fácilmente que aquellas personas que saben autogobernarse, es decir, vivir en armonía consigo mismas, lleven una vida más lograda y, obviamente, no sufran tantos miedos y depresiones. La Neurobiología nos dice claramente que gozamos más de la verdadera felicidad si alcanzamos un mayor autogobierno sobre nosotros mismos.

Además, diversos estudios neurobiológicos han podido demostrar detalladamente que los niños solamente alcanzan un buen desarrollo de su cerebro si los padres y educadores consiguen guiarles, como por un plano inclinado, hacia la consecución y el gozo de un mayor autogobierno. Dicho de otro modo, los padres dañarían a sus hijos si ceden habitualmente ante sus peticiones caprichosas, procedentes por lo general de los deseos espontáneos del *sistema reptiliano*[4]. Los buenos padres y educadores, en cambio, saben dar consejos excelentes a los niños, ya que identifican bien sus actuaciones y sopesan con prudencia su edad y su capacidad de asimilación.

A finales de los años sesenta del siglo pasado se fue desarrollando lo que después sería el famoso *test de la golosina*[5]. Un niño recibe una golosina y una instrucción clara: se puede comer la golosina de inmediato, o esperar cinco minutos y comerse dos golosinas. ¿Qué hará? ¿Y qué indica su decisión acerca de su futuro? Este sencillo experimento, ideado por el legendario psicólogo Walter Mischel, que ocupó durante muchos años la cátedra Robert Johnston Niven en la Facultad de Psicología de la

---

[4] Joachim Bauer, *ibidem*, p. 55: «Tatsächlich schaden Eltern dem Kind, wenn sie ständig nachgeben».

[5] Walter Mischel, *El test de la golosina. Cómo entender y manejar el autocontrol*, Barcelona, 2015.

Universidad de Columbia, supuso una auténtica revolución y lo convirtió en el primer experto mundial sobre autogobierno. Mischel demostró que la capacidad de aplazar la recompensa es fundamental para una vida lograda, y produce mejores resultados académicos, mejores funciones cognitivas y sociales, un estilo de vida más saludable y una mayor autoestima.

ATENCIÓN Y CONCENTRACIÓN

Poner la cabeza en lo que requiere nuestra atención, evitar huir de lo que suponga esfuerzo, no dejar para después lo que podamos hacer ahora, todos estos son hábitos sobre los que se podrá construir una personalidad serena. Hemos visto cómo con el autogobierno podemos tomar las riendas de nuestra vida, lo cual significa no solo cambiar de perspectiva por un bien mayor a largo plazo, sino también sobreponerse a la pereza, una carcoma silenciosa pero eficaz, que puede frenarnos o paralizarnos si no la detectamos y combatimos a tiempo.

Obviamente conviene estar también atentos al otro extremo, el *multitasking*, o lo que denominamos «multitarea», propio de quien pretende hacer aceleradamente varias cosas a la vez, pero con el peligro de la superficialidad. Como decía Séneca, «quien está en todas partes, no está en ningún sitio». Por el contrario, la persona serena sabe ponderar, guardar el orden en su actividad y tomar la iniciativa priorizando sus rectas intenciones, sin naufragar ante las múltiples distracciones que surgen en cada momento y que pretenden acaparar nuestra atención.

En internet, si no conseguimos establecer prioridades que nos ayuden a ir al grano en nuestras tareas, fácilmente podemos distraernos, perder el tiempo y alejarnos de nuestros objetivos. Si este riesgo nos acecha a los adultos, durante la adolescencia es especialmente pernicioso, porque a esa edad los alumnos están aprendiendo a estudiar y a aprovechar el tiempo. ¿Cuántas veces un menor, haciendo los deberes, entra en internet a buscar una información, y pasa media hora sin haberla encontrado, e incluso sin haber comenzado a buscarla?[6] No es el medio el que nos daña, sino su mal uso. La buena gestión del uso y de la selección de contenidos de internet es la clave.

Desde hace años existe un debate sobre el efecto de internet en las personas y en las sociedades. Siendo una herramienta de trabajo tantas veces irremplazable en muchos ámbitos laborales, hemos de considerar también los peligros sobre su uso.

Uno de estos críticos es Nicholas Carr, quien desde hace décadas escribe sobre nuevas tecnologías para los principales medios internacionales. En su célebre artículo «¿Google nos vuelve estúpidos?», publicado en *The Atlantic*[7] en 2008, Carr condensó uno de esos debates en la pregunta: «Mientras disfrutamos de las bondades de la Red, ¿estamos sacrificando nuestra capacidad para leer y pensar con profundidad?». Según Carr, internet está cambiando nuestro modo de pensar, dificultando nuestra capacidad de atención con sus continuas distracciones e interrupciones, erosionando nuestro pensamiento profundo y obstaculizando nuestra capacidad de concentración. Hasta tal

---

[6] Juan Martínez Otero, *Tsunami digital. Hijos surferos. Guía para padres que no quieren naufragar en la educación digital*, Freshbook, 2017, pp. 34-35.

[7] Nicholas Carr, «Is Google Making Us Stupid?», en *The Atlantic*, 301, julio de 2008.

punto que, debido a la inmediatez de la Red, leer un libro y asimilar textos largos es cada vez más costoso.

Internet fomenta la búsqueda, pero perjudica nuestra capacidad para mantener la atención. Nos hace menos contemplativos y reflexivos y por ello erosiona nuestra capacidad de pensar de forma autónoma y profunda. Las nuevas tecnologías tienen un precio, el debilitamiento del pensamiento más profundo, conceptual, crítico y creativo, que necesita reflexión y aislamiento y no la distracción permanente que supone conectarse. La capacidad para centrarse en una sola cosa es clave en la memoria a largo plazo, en el pensamiento crítico y conceptual y en muchas formas de creatividad[8].

---

[8] Nicholas Carr, https://www.youtube.com/watch?v=MAh5UGK8iSA &t=12s

V
EL SER HUMANO ES RELACIONAL POR NATURALEZA

En el fondo, son las relaciones con las personas
lo que da sentido a la vida.

KARL WILHELM VON HUMBOLDT (1767-1835)

CUANDO LA PSICOLOGÍA SE CONVIERTE EN BIOLOGÍA

Hasta el momento hemos visto algunos aspectos de la personalidad humana que nos facilitan actuar con serenidad y, por lo tanto, con paz interior, incluso en aquellos momentos de zozobra en los que parece que el mundo se nos viene encima.

Queremos abordar ahora la dimensión relacional del ser humano. Los conocimientos neurobiológicos nos dicen que estamos hechos para vivir en un ambiente de resonancia social y de cooperación. Dicho de otro modo: necesitamos vivir en un ambiente de *amabilidad social*, en un ambiente de *serenidad*. Para que podamos hablar de una vida lograda o malograda hemos de tener muy en cuenta el ámbito de relaciones en el que se desarrolla nuestra vida.

Pero ¿qué ocurre cuando tenemos que convivir con personas que, más que transmitir serenidad y paz interior, son focos dañinos de los que se desprenden actitudes negativas, como el rencor, el egoísmo o la ironía?

Veamos dos ejemplos clínicos en los que la psicología se convierte en biología. Nos ayudarán a desvelar cómo las buenas o malas relaciones sociales repercuten en la salud de la persona.

Una médica trabaja en una gran empresa desde hace quince años. El trabajo lo desempeña a conciencia, con empeño y gran ilusión, ganándose poco a poco el respeto de sus colegas. Pero tiene lugar un cambio de jefe. El nuevo es un «trepa», con el que pronto surgen desavenencias y roces conflictivos. De este modo se crea un clima hostil y lleno de celos que desemboca en humillaciones y acoso laboral (*mobbing*). La médica, que es una persona recta y afable, no consigue superar esta nueva situación y pronto le sobrevienen sarpullidos (erupciones cutáneas) por todo el cuerpo, se intensifican las extrasístoles, «que le dan un vuelco al corazón», por decirlo con sus propias palabras. A ello se suman síntomas serios de depresión, con la consiguiente tristeza.

A la paciente se le prescribe Orfidal, dosis altas de antihistamínicos, ansiolíticos y antidepresivos. En total, acaba ingiriendo ocho pastillas diarias, consecuencia de una relación humana tóxica que interrumpe además su vida laboral y ante la que ella se ve completamente indefensa. Decide finalmente abandonar ese trabajo y replantearse su trayectoria profesional. Al día siguiente de abandonar definitivamente su trabajo desaparecen todos los síntomas excepto la depresión, que tuvo que tratar durante unos meses.

Este caso nos indica la influencia dominante que tienen las relaciones humanas sobre la salud corporal. El nuevo jefe está ejerciendo una agresividad silenciosa. Si esta actitud es la única manera que tiene esa persona de relacionarse, podemos concluir que padece un trastorno. Pero no hace falta llegar a ese extremo para sufrirlo en el día a día. De hecho, la agresividad, muchas veces silenciosa, en las relaciones sociales, es mucho más común de lo que pensamos. La detectamos en las relaciones incluso entre amigos y, por supuesto, en la pareja. Los comportamientos agresivos silenciosos son difíciles de reconocer a simple vista, resultan en ocasiones resbaladizos, pero muy dolorosos.

Efectivamente, en otros muchos casos análogos, el verdadero origen de la enfermedad permanece oculto hasta que se revela gracias a la empatía entre médico y paciente. Tal es el caso de otra paciente de cuarenta y ocho años que manifiesta en la consulta[9] que los domingos por la tarde le sobreviene un estado de pánico que no puede dominar. Presenta una taquicardia de más de cien latidos por minuto. Con este ritmo cardíaco, rápido y a veces irregular, el corazón no puede bombear sangre con niveles suficientes de oxígeno a su cuerpo y le hace sentirse inquieta y angustiada, pensando que pronto sufrirá un infarto. En la piel, sobre todo en el cuello y en la cara, presenta unas pigmentaciones de color rosáceo y la respiración se hace cada vez más difícil. El médico de cabecera no diagnostica ninguna anomalía orgánica relevante. Su marido tampoco detecta nada anormal en el fin de semana, que pueda llamar la atención y ser un desencadenante de ese pánico.

Finalmente se consiguió dar con la clave. En medio de la armonía y relajación del domingo por la tarde, le

---

[9] Caso descrito por Joachim Bauer en *Das Gedächtnis des Körpers. Wie Beziehungen und Lebensstile unsere Gene steuern*, München, 2012, pp. 13-14.

sobrevenían de modo penetrante e incisivo pensamientos relativos al lunes por la mañana. El trabajo, el mismo que venía realizando desde hacía muchos años, lo desempeñaba de buen grado. Pero en las relaciones con sus colegas había tenido lugar un cambio considerable. Su antiguo jefe había sido sustituido por una ejecutiva joven que carecía de esa capacidad de comunicación tan necesaria para crear un clima de confianza con las personas de su equipo. Le faltaba *feeling*, la química necesaria para poder empatizar con sus compañeros. Además, se había incorporado gente más joven al personal de plantilla. Como consecuencia de estas alteraciones se enrareció el clima, tornándose hostil y cargado de celos.

Para la paciente las buenas relaciones con los compañeros de trabajo siempre habían sido decisivas, por lo que intentó hablar con sus superiores para poner de manifiesto los diversos puntos de vista, pero una y otra vez sus proposiciones fueron denegadas y rechazadas. Además, se le hizo saber sin contemplaciones que si no le gustaba el nuevo clima podría solicitar una jubilación anticipada. Este consejo lo consideró una humillación, ya que su puesto actual se lo había ganado tras muchos años de duro trabajo. Con su marido no quería hablar de este tema porque, así decía, no soportaba lloriqueos sobre problemas relativos a las relaciones laborales.

BIENESTAR Y BUENAS RELACIONES INTERPERSONALES

En ambos casos, los nuevos directivos, de los que debería esperarse prudencia, magnanimidad y competencia profesional y social, no han sabido trascender visiones reductivas y chatas sobre el ser humano y no han llegado a

convertirse en lo que los griegos de la Grecia clásica cali-
ficaban como *aristós*, un líder con excelencia[10]. Si solo estamos centrados en nuestros intereses, como es el caso de
los nuevos directivos que acabamos de ver, convertimos
nuestra actuación en manifestaciones de egoísmo. Las
personalidades que se dejan llevar por sus ansias de ex-
hibicionismo y narcisismo, por palabras grandilocuentes,
con tintes de generosidad e incluso de heroicidad, pero
faltos de virtudes, no quieren oír hablar de la necesidad
de cambiar de perspectiva e incluso de modo de pensar.
Y, algún día, a pesar de los éxitos que hayan podido alcanzar, estallará con plena potencia esa neurosis que siempre
estuvo agazapada dentro de ellos.

Pero, mientras tanto, esos directivos mediocres, que de
momento no han sabido prescindir de sus actitudes no-
civas e inquietantes, fácilmente se convierten en irónicos,
difundiendo a su alrededor los posos de amargura que los
acompañan.

La ironía —esos comentarios que se sitúan a mitad de
camino entre la broma y la maldad—, cuando se hace casi
omnipresente en nuestras conversaciones también esteri-
liza nuestro corazón, incapacitándolo para amar. Lo peor
del irónico es que no toma en serio al otro, y por eso se
concede el privilegio de jugar con él y con sus sentimientos, situándolo en un terreno de nadie, donde es posible
decirlo todo. El irónico, en el fondo, es un frívolo y un
tímido, que no quiere a nadie y predispone con su actitud
que nadie le quiera a él. La ironía es muy cómoda porque
ayuda a salir airoso de todas las situaciones, pero siempre
deja como huella de su presencia la amargura, ya que si la

---

[10] Alfred Sonnenfeld, *Liderazgo ético. La sabiduría de decidir bien*, Madrid, 2011.

vida no se toma en serio, siempre decepciona[11]. Los que andan con estas actitudes por la vida no es de extrañar que tengan un corazón pequeño y duro, y su existencia sea casi un tormento, por falta de serenidad y paz interior.

Cuando nuestro corazón ha dejado de vibrar al compás de los demás, cuando no recordamos cuándo afloraron en nuestros ojos las últimas lágrimas, cuando no nos conmueve contemplar noticias calamitosas a través de las cuales la injusticia salta a los ojos o, sencillamente, cuando nuestra mayor alegría no es dar alegrías a los demás, es que necesitamos realizar un cambio de perspectiva en nuestro modo de ver el mundo y a los seres humanos.

El cuerpo humano no solamente enciende la alarma cuando le cae una viga o una piedra encima de la cabeza; la salud depende también en gran medida de las amenazas que aparecen por los conflictos interpersonales, la falta de cercanía humana, de apoyo social y otros factores estresantes, íntimamente unidos a la configuración de las relaciones humanas. No tener corazón, tenerlo crispado, falto de serenidad, o tener un corazón agrietado y seco para amar, constituye un foco de gérmenes dañinos, un verdadero caldo de cultivo abierto a todo tipo de problemas como consecuencia de las relaciones personales.

No es, por lo tanto, excesivo afirmar que la salud (y la felicidad) depende en gran medida de las relaciones interpersonales, más incluso que del dinero, desde luego. El bienestar psíquico, corporal y, en concreto el cerebral, dependen de la calidad de las buenas relaciones

---

[11] Miguel-Ángel Martí García, *La afectividad. Los afectos son la sonrisa del corazón*, Madrid, 2001, pp. 50-51.

interpersonales. Allí donde las relaciones humanas disminuyen y, sobre todo, se deterioran tanto cuantitativa como cualitativamente, las enfermedades afloran y aumentan.

LA COOPERACIÓN HUMANA NOS AYUDA A SER FELICES

Durante mucho tiempo se pensó que el desarrollo y la actuación de las personas, ya sean niños o adultos, vendrían determinados de modo excluyente por sus genes. Si así fuera, el programa genético haría superflua toda influencia del mundo exterior. Esta afirmación nos llevaría a concluir que el cerebro se desarrollaría exclusivamente de acuerdo a sus programas genéticos. Sin embargo, estos conocimientos han quedado anticuados y pertenecen a la historia de la medicina del siglo pasado. El desarrollo del cerebro humano, como hemos repetido en varias ocasiones, depende en primer lugar de nuestras experiencias personales a lo largo de toda nuestra vida.

Y esto comienza con el recién nacido. Nada más nacer, el bebé nos está diciendo, según los nuevos conocimientos neurobiológicos, «podré calmarme y tranquilizarme si el ambiente en el que crezco me regala cariño y serenidad». Y esto, ¿qué quiere decir?, ¿cómo hemos de entenderlo?

Al nacer, el sistema anti-estrés del niño todavía está bloqueado. Las muestras de afecto y cariño hacen que desaparezcan estas barreras; es decir, las relaciones de afecto, atención serena y cariño activan los sistemas anti-estrés, protegiéndolo. Durante los dos primeros años el niño depende más que nunca de una relación «diádica», uno con uno, que equivale a decir que necesita una relación muy personalizada con su madre, con su padre o con los cuidadores. De este modo se irá formando convenientemente su «yo», y los genes se activarán cooperando al buen desarrollo del niño.

Volvemos a insistir que los genes no se transmiten inalterables de generación en generación, es decir, no se encuentran bajo llave. ¿Quién se atrevería a cuestionar la importancia de los buenos alimentos, y muy especialmente de la leche materna, para el buen desarrollo del recién nacido? Pues bien, de no menor importancia son las buenas relaciones sociales. Por naturaleza el ser humano, desde su nacimiento, está orientado hacia las buenas relaciones parentales y sociales. Hoy sabemos que para el buen desarrollo del niño necesitamos tanto la leche materna como una buena atención relacional.

Decíamos que después del parto, el bebé está a la espera de activar el sistema anti-estrés. Esto lo pudo demostrar el neurobiólogo canadiense Michael Meaney,[12] de la Universidad McGill de Montreal. Efectivamente, Meaney y sus colaboradores lograron comprobar por primera vez que, a través de la atención empática y la dedicación cariñosa de la madre y del padre, así como de los abuelos y otras personas, se activan en el recién nacido los genes contra el estrés.

Dicho de otro modo, con el parto, la naturaleza dota al recién nacido de unas barreras que bloquean los genes contra el estrés. ¿Cómo se desarticulan estas barreras? La respuesta podría parecer sorprendente pero la contestación que ofrece la Neurobiología es clara y precisa: la serenidad que procede de una atención vinculante

---

[12] Ian C. G. Weaver, Nadia Cervoni, Frances A. Champagne, Ana C. D'Alessio, Shakti Sharma, Jonathan R. Seckl, Sergiy Dymov, Moshe Szyf & Michael J. Meaney, «Epigenetic programming by maternal behavior», en *Nature Neuroscience*, 7, 2004, pp. 847-854.

y cariñosa hará que desaparezcan esas barreras. Si se les acuna, acaricia y atiende cariñosamente, se activa el sistema anti-estrés del bebé, impidiendo de este modo que se eleven los niveles de la hormona cortisol que influirían negativamente en el desarrollo del niño.

Podemos afirmar, por tanto, que el trato cercano y cariñoso hacia los recién nacidos es decisivo para que el niño goce de una estabilidad saludable y se pueda defender en la vida ante situaciones difíciles. En caso contrario, será propenso a depresiones y a otras muchas enfermedades. Se comprueba de este modo que, ya desde muy pequeños, dependemos en gran medida de las relaciones sociales.

Durante los veinticuatro primeros meses el niño necesita de manera especial de la ya mencionada relación diádica: la resonancia ha de ser de uno con uno, de este modo se irá desarrollando convenientemente su «yo». El «yo» y el «otro» se iluminan recíprocamente y solo pueden entenderse en su interconexión[13] de afecto y amor.

Los genes, por tanto, actúan de un modo u otro dependiendo no tanto de su constitución, de si son más o menos buenos, sino más bien del ambiente y de las relaciones sociales en las que el niño se va desarrollando. No es decisivo, por tanto, que el texto de los 23 000 genes que componen el genoma del ser humano sea bueno o

---

[13] La importancia de esta interconexión fue intuida a lo largo de los siglos no solo por pedagogos, sino también por diferentes escritores y humanistas, interconexión que es esencial en el reino de los mamíferos en general. De este modo se quiere expresar que las crías necesitan ser protegidas y atendidas cuidadosamente, para desarrollarse y fortalecerse bien. En este sentido, Erasmo de Rotterdam (1466-1536) afirmaba, sin conocimientos embriológicos, pero de un modo intuitivo y sugerente, que los oseznos, cuando todavía son como unos «ovillos de lana», necesitarían los lametones de la madre osa para poder desarrollarse de modo equilibrado.

menos bueno. Lo que es decisivo es que se actúe benefi-ciosamente sobre ellos para que sean convenientemente «exprimidos», es decir, para que segreguen las sustancias más favorables para el cuerpo humano.

En un concierto para piano y orquesta, el piano de cola, que representaría al genoma humano, solo podrá emitir los tonos precisos dependiendo de que sean bue-nos el pianista, el director de orquesta y el resto de los componentes de esta. Por muy bueno que sea el piano, aunque sea un Steinway, los oyentes del concierto no se levantarán para aplaudir al instrumento, sino al pianista, al director y a los componentes de la orquesta. Utilizando términos científicos: lo decisivo es lo que se conoce con el nombre de «regulación genética».

VI
NINGUNA PERSONA
ES UN VERSO SUELTO

«Un corazón solitario no es un corazón»
ANTONIO MACHADO RUIZ (1875-1939)

SISTEMA MOTIVACIONAL

Ninguna vida humana es una vida aislada, sino que se entrelaza con otras vidas. Ninguna persona es un verso suelto[1]. Alguien nos ha cuidado, nos ha sacado adelante. Los demás no están simplemente ahí afuera, como una piedra junto al camino: nos pertenecen y les pertenecemos, más íntimamente de lo que podemos pensar. Los niños aprenden la lengua que oyen a sus padres o personas de su alrededor, no se la inventan. Hablan porque han sido hablados.

Tenemos una historia, una familia, un vecindario, una cultura, cada uno de nosotros es hogar —lugar de acogida— y puede crear hogar allí donde va. «Para educar a un niño, se necesita toda una aldea», dice un proverbio africano.

---

[1] Josemaría Escrivá, *Es Cristo que pasa*, p. 111.

Según el pionero estadounidense en el campo de la evolución molecular Carl Woese[2], lo que más caracteriza a los seres vivientes es su *connectedness*, es decir, su capacidad de conectar, de unir, de establecer enlaces. Esto es señal de vida. Los primeros sistemas con vida han sido mucho más que la suma de los elementos que los componen. Ninguno de los componentes de este conjunto ha sido autónomo. Siempre ha existido una dependencia recíproca. Nada podía tener lugar sin la relación y la cooperación. Por eso, tanto los genes como los genomas, es decir, el conjunto de genes en una célula, no se adaptan a su entorno gracias a la lucha egoísta por la supervivencia. Los genes no son egoístas, como insisten en afirmar algunos científicos populistas[3]. Los genes, como ha podido demostrar Joachim Bauer, se rigen por tres principios fundamentales: cooperación, comunicación y creatividad[4].

---

[2] Carl Woese, Nigel Goldenfeld, «How the Microbial World saved Evolution from the Scylla of Molecular Biology and the Charybdis of the modern Synthesis», en *Microbiology and Molecular Biology Reviews*, 73, 2009, pp. 14-21.

[3] Richard Dawkins, en su libro *El gen egoísta*, escribe: «Por lo tanto ya están avisados de que si ustedes, o yo mismo, queremos formar una sociedad en la que los individuos colaboren magnánima y altruistamente en favor del bien común, difícilmente podremos esperar un respaldo por parte de la naturaleza biológica». Esta advertencia de Dawkins no es la única que se ha revelado como carente de base científica. Dawkins es zoólogo y nunca ha trabajado con genes. Por el contrario, colaborar, ayudar a los demás y contribuir a que reine la solidaridad social es una motivación humana básica con fundamentación biológica.

[4] Joachim Bauer, *Das kooperative Gen. Evolution als kreativer Prozess*, Hamburg, 2010, p. 17. «Gene bzw. Genome folgen drei biologischen Grundprinzipien. Kooperativität, Kommunikation und Kreativität».

Desde hace más de veinticinco años se conoce en la Neurobiología el concepto de «sistema motivacional» –también denominado «sistema de recompensa», *Reward system* en inglés o *Belohnungssystem* en alemán– localizado en el «cerebro medio»[5], que se caracteriza por intensificar e incrementar una conducta humana de bienestar. Se trata de una red de células neuronales, especialmente conectadas con los centros emocionales del cuerpo humano, de tal modo que las informaciones que llegan del medio ambiente a través de ellos, transmiten al sistema motivacional el dictamen de si vale o no la pena actuar de una u otra forma. Dependerá para ello de si considera la información recibida significativa o no para su bienestar.

Recordemos que aquellas experiencias, sentimientos, impresiones que nos llegan muy adentro, que nos dan un sentido positivo y profundo de nuestros empeños, son los que actúan sobre el «sistema motivacional». Y es entonces cuando el cuerpo libera las sustancias mensajeras neuroplásticas, también llamadas hormonas de la felicidad –dopamina, oxitocina y opiáceos endógenos–, que generan la sensación de bienestar.

Durante mucho tiempo no se sabía qué inducía realmente al sistema motivacional a segregar las sustancias mensajeras neuroplásticas. ¿Qué tiene que ocurrir para que el ser humano libere esas sustancias de bienestar? La contestación clara y precisa dejó estupefacto a su ámbito científico. El fin natural por el que el «sistema motivacional»

---

[5] Joachim Bauer, *Schmerzgrenze. Vom Ursprung alltäglicher und globaler Gewalt*, München, 2013, pp. 32-33. El concepto de sistema motivacional lo he tomado de Joachim Bauer quien, de modo brillante, expone su modo de actuar en sus dos libros *Schmerzgrenze*, 2013 y *Prinzip Menschlichkeit*, 2014.

actúa liberando las hormonas de la felicidad es la buena convivencia social y el mejor logro de las relaciones humanas. Es precisamente la cooperación armónica entre los seres humanos lo que nos hace ser felices.

Pero no se refiere únicamente a las relaciones personales, sino a todas las formas de cooperación social. Lo que, sobre todo, nos motiva, es la satisfacción que nos proporcionan nuestras relaciones sociales cuando suponen estima, valoración, reconocimiento, gratificación y simpatía[6]. Una nota esencial de la madurez personal es la capacidad de diálogo, una actitud de apertura hacia los demás que se manifiesta en la cordialidad del trato, en un sincero deseo de aprender de cada persona. Pero para los padres significa también saber atender a sus hijos con un diálogo educativo que, según pasan los años, suele ser más exigente.

Pero hay más interrogantes referentes a lo que nos motiva por naturaleza, a lo que deberíamos hacer para alcanzar una vida lograda, a qué es lo que nos hace actuar, e incluso a cuestiones bien paradójicas: por ejemplo, ante las situaciones más adversas y problemáticas, casi imposibles de superar, somos capaces de responder con una motivación y unos recursos que incluso desconocíamos, y, gracias a los cuales salimos airosos. En definitiva, ¿qué implicaciones tiene, en nuestro modo de ser y de actuar, la segregación de las ya citadas sustancias mensajeras neuroplásticas?

Todos sabemos que ser una mujer o un hombre con amplias miras es algo encomiable y está unido a experiencias muy positivas, ya que cuantos más y mejores deseos

---

[6] Joachim Bauer, *Prinzip Menschlichkeit. Warum wir von Natur aus kooperieren*, München, 2014, pp. 35-38.

70

tengamos, estaremos más motivados para superar límites que hasta entonces nos parecían infranqueables.

Pero vayamos por partes. La Neurobiología nos enseña, por un lado, que, si tomamos fármacos neurolépticos para liberarnos, por ejemplo, de una excesiva actividad psicomotora, nos provocarán también un efecto paralizante sobre nuestro «sistema motivacional» y un estado de apatía: algo así como desgana, indiferencia o desidia. De este modo resulta evidente que la acción de los fármacos influye en nuestro estado anímico. Por otro lado, hay personas que desarrollan una motivación casi incontrolable para conseguir una sustancia determinada. Tal sería el caso de los adictos a una droga. Durante mucho tiempo, hasta casi finales del siglo pasado, se pensaba que los adictos a drogas eran personas degeneradas, con una voluntad muy débil. Este modo de ver las cosas es, por supuesto, anticuado, y todos sabemos que la voluntad y el motor que mueve a los adictos está sumamente focalizado y limitado a la adquisición de una sustancia determinada o, como en el caso de la pornografía, a adquirir unos patrones de imágenes que se han instalado en el cerebro.

Nos encontramos, por tanto, ante dos situaciones diferentes. Por un lado, el cerebro reacciona ante sustancias que paralizan la motivación y, por otro, reacciona ante sustancias estimulantes de la motivación que van unidas a una reducción enfermiza del punto de mira y de las motivaciones para actuar. La adicción constriñe la focalización de los intereses. El alcohólico se ve impulsado hacia la bebida de modo más fuerte que quien no lo es. Le falta la amplitud de mira y con ello la verdadera libertad.

En resumen, podemos influenciar negativamente el «sistema motivacional», paralizándolo con psicofármacos o potenciándolo con drogas. Sin embargo, nuestro cuerpo necesita que dicho sistema segregue las sustancias del bienestar que, volvemos a repetir, son fundamentalmente tres: la dopamina, los opiáceos endógenos y la oxitocina.

La liberación de dopamina por el sistema motivacional tiene como efecto, en el cerebro y en todo el cuerpo, unos resultados comparables a los del dopaje. Sobre todo, la segregación de dopamina origina una sensación de bienestar que pone al organismo tanto psíquica como físicamente en un estado de concentración y de disponibilidad para protagonizar y realizar tareas y actividades. La dopamina tiene influencia también sobre la capacidad de movilidad del cuerpo y, en caso de carecer de ella, tal como ocurre por ejemplo con la enfermedad de Parkinson, al paciente le faltaría la movilidad necesaria. De lo dicho se deduce que la función principal de la dopamina consiste en producir la energía y el impulso necesarios para dirigirnos a un fin determinado. La dopamina cumple, por tanto, dos requisitos: facilita la movilización y tiene el efecto de una «droga» psíquica, que nos mueve a actuar.

Pero el sistema motivacional también segrega otras «drogas»: los opiáceos endógenos y la oxitocina. Es sabido que los opiáceos endógenos actúan de modo análogo al opio o a la heroína, pero se diferencian de estas drogas por ser producidos por el propio cuerpo humano, de ahí el nombre de endógenos. De este modo las cantidades que se producen están perfectamente calibradas para actuar adecuadamente y producir el efecto de bienestar sobre los centros emocionales del cerebro, robusteciendo la autoestima y las ganas de vivir. Además, bajo la influencia de los opiáceos endógenos disminuye la sensibilidad al dolor y el sistema inmunológico se fortalece.

También hemos mencionado la oxitocina, la hormona que influye notoriamente en que seamos fiables, compasivos, amables; y, en las mujeres, de modo más específico, en que puedan dar a luz y tener leche materna. Queremos resaltar que en aquellas relaciones en las que aumenta la confianza recíproca[7], se eleva el nivel de oxitocina. Es decir, la segregación de oxitocina aumenta y es sin duda una ayuda en las relaciones de compromiso.

Thomas Insel, director del Instituto Nacional de Salud en Estados Unidos durante muchos años de nuestro siglo, fue el primer neurobiólogo que utilizó, junto con Russell Fernald, catedrático de Biología humana en Stanford, la expresión inglesa *social brain*, que quiere decir «cerebro social»[8]. Gracias a sus experimentos conocemos que no hay nada que active tanto el «sistema motivacional» como saberse reconocido, querido y amado de verdad. Pero, además, las hormonas de la felicidad que segrega el sistema motivacional no solamente nos recompensan con un mayor bienestar sino también con una mayor salud, tanto corporal como mental. Por el contrario, el «sistema motivacional» se desconecta si alguien es marginado y aislado del ambiente normal en el que estaba viviendo. Es más, la privación prolongada del contacto social tendría como consecuencia el colapso biológico de los «sistemas motivacionales» del cerebro[9].

[7] Paul J. Zak, R. Kurzban y W.T. Matzner, «Oxytocin is associated with human trustworthiness», en *Hormons and Behaviour*, 48, 2005, p. 522.

[8] Thomas Insel y Russell Fernald, «How the brain processes social information. Searching for the social brain», en *Annual Review of Neuroscience*, (2004), 27, p. 697.

[9] Joachim Bauer, *op. cit.*, 2014, p. 38.

Como acabamos de ver, el ser humano está dotado de un «sistema motivacional» en el cerebro que produce sustancias del bienestar o de la felicidad, siempre y cuando en las relaciones del sujeto haya reconocimiento y amor de por medio[10]. No obstante, esta capacidad del ser humano de fundar y establecer relaciones satisfactorias es diferente según las personas.

Nadie crece solo y nadie, en realidad, está solo, aunque algunas vidas de hecho se desarrollen así. La desestructuración familiar y, como consecuencia, el abandono en el que viven muchos niños es una realidad innegable. No faltan personas que han crecido en entornos hostiles y quedaron dañadas por la carencia de amor. Aquellas personas que, sobre todo durante la niñez, hayan tenido pocas experiencias positivas que les hayan conducido a aumentar y afianzar la confianza, a las que en vez de confianza se les hayan transmitido sensaciones de estrés, de poca fiabilidad o incluso de situaciones imprevisibles y chocantes, difíciles de entender, aprenderán precozmente a desconfiar de los demás. De este modo se desarrollará lo que los psicólogos denominan un «estilo de vinculación ambivalente», lo que supone una indefinición a la hora de relacionarse con los demás, dependiendo de la atracción o rechazo momentáneos que tengan hacia las diferentes personas, que pueden ser incluso la madre o el padre.

Otra posibilidad de reaccionar sería la de confiar en sus propias fuerzas para evitar depender de los demás. Maltratos y heridas causadas durante la niñez dificultarán la vinculación de los niños con otras personas. Al

---

[10] Joachim Bauer, *ibidem*, p. 37.

hacerse mayores, en el día a día, sentirán más pronto el rechazo o el desprecio. Estas personas corren el peligro de alcanzar más rápidamente la luz roja del dolor y, por consiguiente, también se disparará en ellas con más facilidad la reacción agresiva.

No nacemos siendo desconfiados, nos hacemos desconfiados dependiendo de las experiencias que hayamos tenido. Los psicólogos hablan de una «confianza originaria» del hombre, sin la cual no es posible una vida sana, y que tiene su fundamento en la confianza del niño pequeño en su madre (René Spitz). Si en torno al recién nacido no aletea la confianza y, con ella, la serenidad, si lo que domina es la ansiedad, el miedo o el desamor, el niño no logrará desarrollarse correcta y armónicamente.

El niño no decide confiar en su madre; es al revés, primero está con su madre y paulatinamente llega a ser él mismo. Toda la confianza posterior, todo abandonarse en otros, es la repetición de lo que pasaba al principio. Y si no existía, la consecuencia es a menudo una debilidad del yo; la incapacidad de abandonarse es a su vez expresión de esta debilidad del yo. Solo un yo fuerte puede abandonarse sin miedo a perderse. Lo que podemos aprender, por tanto, no es la confianza, sino la desconfianza. Pero también es cierto que, siendo la confianza originaria y extremadamente valiosa, es muy delicada: se destruye en un instante cuando alguien la traiciona.

Si queremos vivir bien[11], debemos renunciar al deseo de ser enteramente dueños de la situación y confiar en los demás. Necesitamos apoyarnos en los demás. Donde hay

---

[11] Decía Platón que «no es la vida el bien supremo al que hemos de tender, sino la vida buena». Véase su obra *Critón*, 48b.

confianza hay serenidad y es más fácil cooperar, construir, emprender. La confianza en los demás nos enriquece y aumenta nuestro bienestar. La expresión «abandonarse en alguien» se corresponde con la alemana *sich auf jemanden verlassen*, que literalmente significa «confiar en alguien». Abandonarse supone, efectivamente, lo contrario a quedarse consigo mismo; es desprenderse del adorado yo.

Somos criaturas enlazadas y dependientes de otras, seamos o no conscientes de ello. Lo ideal sería que ni siquiera llegáramos a ser conscientes de los vínculos, para sentir su fuerza como algo natural. No es necesario entender el vínculo, ni siquiera saber que existe, para beneficiarnos de su influencia y potencial; del mismo modo que no se requiere entender de informática para usar el ordenador, ni es preciso saber de motores para conducir un coche. Solo cuando las cosas dejan de funcionar se requiere ese conocimiento.

El gran sabio judío Martin Buber afirmaba que el hombre no es un simple y aislado existente, sino un «ser dialogante», y añadía: «Yo me hago gracias al tú» (*Ich werde am Du*). Decir *tú* sitúa al otro en el espacio creador de la libertad, de su posibilidad de expansión, de su autorrealización. Las relaciones humanas que se reducen a lo exclusivamente técnico-profesional anulan la libertad y la vitalidad del *tú* auténtico. «El *ello* es el sujeto de la técnica», afirmaba ya hace muchos años Gabriel Marcel. La confianza no deja de ser un ingrediente básico para que se formen buenos vínculos y buenas amistades que nos ayudan a crecer.

VII
LA EXCLUSIÓN SOCIAL
DAÑA EL CEREBRO

Ser libre no es meramente soltarse las cadenas,
sino vivir de una manera en la que se respete
y se amplíe la libertad de los otros.

NELSON MANDELA (1918-2013)

LAS PALABRAS NO SON INOCENTES

¡Cuántas cosas dependen de que encontremos la palabra acertada! Hay palabras que animan, palabras saludables, que contribuyen poderosamente a tener buena salud, palabras que invitan, palabras que llenan de esperanza, palabras que inspiran.

Pero también hay palabras que son demoledoras. Sobre todo, las palabras de rechazo, de menosprecio, de indiferencia, que activan las mismas zonas del cerebro que el dolor físico. A tal efecto se ha acuñado el acrónimo FOMO, de la expresión inglesa *«Fear of missing out»*, y que se traduce como *miedo a perderse algo o a quedar excluido* de un grupo o de un entorno. Se trata de una fobia que tiene su origen en el mundo digital y la hiperconectividad a las redes sociales.

En una sociedad en la que, con frecuencia, la competitividad se reconoce como un valor central, los mecanismos de exclusión constituyen una regla elemental y necesaria. La competitividad es por naturaleza excluyente, por eso, niños, ancianos, mendigos, inmigrantes, minusválidos, deficientes, etc., fácilmente se convierten en excluidos. Ser excluido significa no ser reconocido, ser despojado del derecho a ser persona. Si cada persona es irrepetible, insustituible, única y con una dignidad irrenunciable, ¿cómo podemos sentirnos indiferentes ante ella? Solo podemos ser indiferentes con una persona cuando no la vemos como persona, es decir, cuando la percibimos como objeto. Pero cuando percibimos a una persona como un objeto, cometemos una aberración metafísica, psicológica y sociológica.

La indiferencia es la actitud psicológica ante algo que se valora como neutro, ni bueno ni malo. Está muy en alza en la sociedad actual. Supone un «pasar de» los demás, sin que se haya producido el encuentro con ellos. Se les arrebata aquello que les permite sentirse humanos. De este modo la exclusión social se convierte en una característica de nuestro tiempo. Los pobres, marginados y excluidos son los rostros humanos de las patologías de una sociedad enferma.

Lo que nos interesa ahora es dirigir una vez más nuestra atención hacia los centros cerebrales de aquellas personas que están sometidas a exclusión, marginación o a palabras humillantes. ¿Qué ocurre en su cabeza? El cerebro percibe tanto el dolor físico como el psicológico, el producido por un golpe como el ocasionado al ser rechazado o excluido. Los científicos han comprobado que las palabras no son inocentes. Las de rechazo, menosprecio o ruptura amorosa activan las mismas zonas del cerebro que el dolor físico. Expresiones como «me partió el corazón» o «me apuñaló por la espalda» son más literales de lo que parecen.

La directora del Departamento de Psicología de la Universidad de Los Ángeles en California, Naomi Eisenberger[1], fue la pionera en descubrir la semejanza entre el dolor físico y el dolor de marginación. En un experimento pidió a unos voluntarios sometidos al escáner de resonancia magnética que participasen en un juego de ordenador en el que tres personas se pasan un balón. Cuando dejan de pasarle la pelota a uno de ellos, este se siente menospreciado, lo cual provoca sobrecargas de tensión en el córtex cingular anterior (CCA). Eisenberger descubrió que no solamente el dolor físico deja su huella dactilar en la corteza cingular anterior del cerebro (CCA); esta misma huella se puede observar como consecuencia de las diferentes formas de marginación o de insultos verbales, de desprecio o de exclusión. Esto nos lleva a la conclusión de que un insulto duele literalmente. La angustia que provoca un insulto es similar a la respuesta emocional del dolor físico, o a revivir una ruptura con la expareja.

Otros estudios han confirmado esta relación entre un dolor emocional y la huella dactilar en el cerebro. El rechazo social no solo deja una huella en el córtex cingular anterior, sino también en la ínsula o corteza insular, situada en la superficie lateral del cerebro, dentro del surco lateral que separa la corteza temporal de la parietal inferior. Esta estructura cerebral responde a diferentes tipos de dolores, por ejemplo, el debido a una rotura de ligamentos

---

[1] Sylvia A. Morelli, Jared B. Torre y Naomi I. Eisenberger, «The Neural Bases of Feeling Understood and Not Understood», en *Social Cognitive and Affective Neuroscience*, 2014; véase también *http://tinyurl.com/qhesezs* y Naomi I. Eisenberger *et al.*, «An Experimental Study of Shared Sensitivity to Physical Pain and Social Rejection», en *Pain*, 126, 2006, pp. 132-138.

en la rodilla, pero responde de modo sumamente análogo ante una ruptura amorosa.

Ethan Kross, de la Universidad de Michigan en Ann Arbor[2], estudió a cuarenta personas que habían pasado por una ruptura amorosa en los últimos seis meses, y les pidió que viesen una foto de su expareja y pensasen en su reciente ruptura, al tiempo que se les aplicaba un escáner de fMRI (imagen por Resonancia Magnética Funcional). Los resultados fueron muy semejantes a los obtenidos por Naomi Eisenberger. La experiencia del «corazón roto» deja una huella dactilar en el córtex cingular anterior y en la corteza insular.

Estos hallazgos han marcado un antes y un después en los nuevos conocimientos de la Neurobiología, y resultan muy útiles para entender mejor la medicina psicosomática y cómo los procesos mentales influyen sobre nuestro cerebro. En este caso a través de humillaciones, exclusión social o alejamiento de la persona querida.

Esto ya lo intuía, a finales del siglo XIX, el famoso filósofo y psicólogo estadounidense William James (1842-1919), profesor de Psicología en la Universidad de Harvard y fundador de la Psicología Funcional[3]. Hace más de cien años, afirmaba que, si nadie nos mirase al entrar en un cuarto de estar, si nadie nos contestase al dirigirle la palabra, si nadie percibiese lo que estamos haciendo, si nos tratasen como si no existiésemos, sentiríamos una ira tan exacerbada, una desesperación y un dolor tan grandes que, en comparación, el daño físico sería

---

[2] Ethan Kross *et al.*, «An fMRI-Based Neurologic Signature of Physical Pain», en *The New England Journal of Medicine*, 368, 2013, pp. 1388-1397.

[3] William James, *Variedades de la experiencia religiosa. Un estudio de la naturaleza humana*, Madrid, 2017.

casi una liberación. Los recientes conocimientos de la Neurobiología le han dado la razón. En conclusión, la exclusión de un grupo y el rechazo a través de otras personas constituyen poderosos desencadenantes de la agresividad[4] y de situaciones cargadas de estrés que fácilmente nos quitan la serenidad.

SENTIDO DE PERTENENCIA

Habíamos insistido en la necesidad de pertenencia que todos tenemos, la cual comienza con la pertenencia a una familia, a un grupo de amigos, a un grupo de trabajo. Si nos sentimos aceptados, respetados y queridos, es lógico que de las prolongaciones de nuestras neuronas salga «el abono necesario» para la segregación de lo que hemos acordado en llamar hormonas de la felicidad, y que nos ayudan a actuar más serenamente y con más entusiasmo.

Saberse apreciado y querido en un mundo competitivo, así como poseer el sentido de pertenencia hacia la empresa, son factores tan valiosos que pueden llegar a marcar la diferencia con respecto a los competidores. Cuando un trabajador tiene sentido de pertenencia hacia su empresa, está dispuesto a defenderla, igual que a su equipo de trabajo, y a manifestar su adhesión de manera pública. Además, crecerá en autoestima, seguridad y motivación, ya que para cualquier persona es fundamental sentirse integrado en su entorno más cercano.

---

[4] Joachim Bauer, *op. cit.*, 2013, pp. 58-61.

VIII
UN MEDICAMENTO EFICAZ:
OTRA PERSONA

Dadme la serenidad para aceptar lo que no puede cambiarse,
el coraje para cambiar lo que debe ser cambiado
y la sabiduría para distinguir una cosa de otra.

REINHOLD NIEBUHR (1892-1971)

ES EL ESPÍRITU EL QUE SE CREA SU CUERPO

En el drama del poeta alemán Friedrich Schiller, *La muerte de Wallenstein*, podemos leer estas palabras: «Es el espíritu el que se crea su cuerpo» (*Es ist der Geist, der sich den Körper baut*). Schiller creía firmemente en que la libre disposición espiritual gestaba y generaba la propia naturaleza corporal. A partir de sus primeros estudios filosóficos y científicos, y sobre todo de su fecunda actividad como médico, anterior a su dedicación exclusiva a la literatura, advierte una correlación psicosomática que, sin embargo, gravita en el espíritu y en su capacidad para influir poderosamente sobre el cuerpo. El propio cuerpo de Schiller, aquejado de enfermedades graves, era un observador privilegiado para poner a prueba, en el más difícil de los escenarios, sus propias palabras y convicciones.

83

Este pensamiento de Schiller ha sido confirmado por la medicina psicosomática. Muchas veces no basta con disponer de las tecnologías diagnósticas y terapéuticas más sofisticadas para sanar al paciente. Gracias a los nuevos conocimientos de la Neurobiología podemos afirmar que uno de los fármacos más eficientes para los pacientes viene dado por las palabras y gestos de otras personas. Lo que le dice un médico a un paciente puede desarrollar los mismos efectos que un medicamento. Esto se debe al hecho, como habíamos visto, de que el cerebro puede transformar la comunicación en biología.

A ninguno de nosotros se nos oculta que, en la medicina actual, muy tecnificada, hay una gran carencia de comunicación, de la que no solamente los médicos somos responsables. También influye la masificación, a la que hay que añadir la falta de tiempo, la carencia de formación en el arte de comunicar en las universidades, etc. Sin embargo, a pesar del trabajo intenso del médico, no podemos olvidar el poder de la palabra. Recordemos una vez más que la actividad de nuestros genes depende de muchos factores, pero uno de los más esenciales es la influencia del entorno social en el que vivimos. No solamente el autogobierno, el estilo de vida, la alimentación, el movimiento corporal, sino también las palabras y actitudes que vigorizan el autogobierno, actúan poderosamente sobre la expresión genética, es decir, sobre la información que se haya codificada en los genes, que se convierte en las estructuras funcionales de las células respectivas.

El organismo humano dispone de sistemas de sanación propios. Uno de los más importantes es el sistema inmunológico, que constituye una defensa natural del cuerpo humano contra las infecciones. Sin embargo, su tarea no se limita a la eliminación de infecciones, sino también a la capacidad de matar células cancerígenas que no dejan de brotar en cada uno de nosotros.

Todos llevamos dentro de nosotros un «médico interno» (estado de ánimo) con una estimación y apreciación de la enfermedad propia que los profesionales de la medicina deberían tener muy en cuenta[5]. El problema es que, debido a la abundancia de trabajo, el médico fácilmente se olvida de esta realidad o le es muy difícil considerarla debidamente. Se centra casi exclusivamente en el poder de los aparatos, pero descuida el poder de la palabra y, sobre todo debido a las precipitaciones del trabajo diario, le puede faltar la delicadeza necesaria con el paciente, que obviamente ha de ser extrema en situaciones dramáticas. Un informe difícil dado de manera brusca e inhumana puede dejar una huella traumática grave y duradera.

Buscar y aliarse con el «médico interno» del paciente mediante una conversación empática significa poder contar con un gran aliado en el proceso de curación. El médico empático sabe descubrir al «médico interno» del paciente, que es fundamental, a partir del conocimiento de su estado de ánimo y de su actitud interior ante sus dolores y síntomas. Con la medicina tecnificada se corre a veces el peligro de querer ir rápidamente al grano, sin contemplaciones. Pero este modo de actuar solo se puede justificar en los casos de urgencia.

LA SALUD COMO LA ARMONÍA ADECUADA

Una correcta relación médico-paciente puede atenuar el temor, la ansiedad, la indefensión e incertidumbre que hacen

---

[5] Joachim Bauer, *op. cit.*, 2015, pp. 125-134.

tan vulnerables a los enfermos, sobre todo a los pacientes con una enfermedad grave. Un ambiente de serenidad en el que el médico o las personas encargadas de los cuidados sepan actuar con calma y con empatía, permite resolver no solo conflictos sino también enfermedades muy variadas. A través del diálogo y la apertura mental se encuentra más fácilmente una solución acertada para los diferentes problemas.

Estas últimas consideraciones hemos de tenerlas también en cuenta al reflexionar sobre el concepto de salud, pues el buen médico contribuye no solo al bienestar del paciente sino al bien de la persona en su totalidad. Y, para ello, ha de saber cuáles son los motivos de su actuación, cuáles son sus prioridades, su ambiente cultural, etc. El ser humano en su totalidad se ha convertido en el protagonista absoluto del nuevo paradigma médico, que le conceptualiza como un ser bio-psico-socio-cultural. Es la integración de todas las dimensiones que constituyen al ser humano.

Con lo que estamos diciendo no queremos poner en duda la "Medicina Basada en la Evidencia". Este término fue introducido en la literatura médica en el año 1991 por el médico canadiense Gordon Guyatt. Con este concepto da a entender la certeza manifiesta sobre una cosa, que elimina cualquier duda racional sobre la misma. Algunos autores prefieren utilizar el término "Medicina Basada en Pruebas", considerando estas pruebas como los argumentos o razones que demuestran una cosa.

Dicho esto, se impone la pregunta, ¿qué significa "prueba", o de un modo más abarcador, "medida", para aplicarla a la salud de una persona? Para contestar a esta pregunta recurrimos una vez más a la sabiduría de Platón, el cual desde la lejanía de más de dos milenios nos recuerda que hay dos formas de medir. En primer lugar, acercándome al objeto de estudio desde fuera, y en segundo lugar observando el objeto de estudio en su totalidad, en cuanto tal, en cuanto él mismo.

Las palabras griegas de las que se vale Platón son *métron* (μέτρον), que significa medida y *métrion* (μέτριον), que significa lo adecuado o justa medida[6]. Pero ¿qué significa lo adecuado? Sencillamente la medida interna que se expresa en la totalidad. Así lo han visto los griegos de la Grecia clásica. La salud, como la armonía adecuada; en medio de las dificultades de todo tipo, saber gozar de la serenidad necesaria para poder gozar de una buena estabilidad de ánimo. Con mucha frecuencia nos repite Platón que hemos de ver la realidad de las cosas en su totalidad; y así también nos lo dice la ética, que hace posible diferenciar el bien verdadero del bien solamente aparente.

Cuando un cuerpo comienza a disgregarse es que está afectado en su totalidad. Esa persona está enferma, pero el acceso a la persona en su totalidad es el verdadero reto para el médico. Descubrir aquello que está desordenado, produce malestar y un cierto desorden en su organismo.

La tarea del médico consiste en reestablecer la armonía del paciente, para que la naturaleza pueda seguir actuando sin interrupciones desordenadas. La palabra *therapia* viene del griego *therapeuo* y significa servir, ayudar, restablecer. Ayudar a que la naturaleza vuelva a su cauce normal. Recordemos el famoso axioma médico: *medicus curat natura sanat* (Hipócrates), que nos está recordando que es la naturaleza la que sana. El médico «tan solo» ayuda, pone los medios necesarios para que la naturaleza de ese cuerpo humano pueda tomar nuevamente su actividad normal.

---

[6] Esta idea sugerente la he tomado sobre todo del gran filósofo, Hans-Georg Gadamer, *Über die Verborgenheit der Gesundheit*, Frankfurt am Main, 2010, pp. 128-129. Ver también, Umberto Eco, *Historia de la belleza a cargo de Umberto Eco*, Barcelona, 2004, pp. 72-81.

IX
SERENAMENTE ENTUSIASMADO

No dejes apagar el entusiasmo,
virtud tan valiosa como necesaria;
trabaja, aspira, tiende siempre hacia la altura.

RUBÉN DARÍO (1867-1916)

LA CONTEMPLACIÓN ES UN PERCIBIR AMANTE

Como apunta el filósofo alemán Josef Pieper, contemplar es un conocer no pensante, sino mirante[1]. Contemplación es intuir, es una forma de conocimiento que no se mueve hacia su objeto, sino que descansa en él. Es una adhesión a la realidad que requiere la serenidad atenta. Lo ajetreado se caracteriza más bien por ser desatento, atolondrado y superficial, no sabe estar sosegado, sin tensión futura.

Todos deseamos la serenidad que nos permite ese descanso de la mente y esa tranquilidad del alma imprescindibles para poder disfrutar de la vida. Nuestra forma de vida la elegimos nosotros, dentro de los límites que

---

[1] Josef Pieper, *Glück und Kontemplation*, Kevelaer, 2012, p. 57: «Kontemplation ist nicht denkendes, sondern schauendes Erkennen».

nos vienen impuestos. El talante, el paisaje interior con sus diferentes visiones y limitaciones, la manera de contemplar al mundo, todo es consecuencia de una elección personal.

Hay personas de las que podemos decir que viven siempre serenamente entusiasmadas, personas que saben apreciar los diferentes matices, los diferentes relieves y colores que nos va presentando la vida, personas que saben contemplar, personas que saben percibir atentamente la realidad. Y ciertamente personas que saben amar y alegrarse de la presencia de la persona amada. Feliz es quien ve lo que él ama. Es decir, sin amor no hay felicidad ya que el amor es necesario para la felicidad. Pero se requiere además la presencia de lo amado. Por eso podemos afirmar que la contemplación es un conocer encendido por el amor, un percibir amante[2]. El que ama puede ver mucho más, puede apreciar mucho más, captar la realidad de las cosas en su totalidad. Y sobre todo hay cosas que solo son percibidas por el amante y que a otros le son negadas. Lo cual significa que a él le están abiertas mayores posibilidades de felicidad que a cualquier otro.

ATRAPADOS EN LA CAVERNA

Platón describe magistralmente la situación de aquellos que tan solo tienen una visión parcial de las cosas y no pueden acceder a la verdadera contemplación. Para ello recurre, al principio del VII libro de la *República*[3], a la

---

[2] *Ibidem*, pp. 54-55.
[3] Platón, *República*, libro VII, 514a-524d.

alegoría de la caverna. Unos hombres se encuentran en una cueva sin ventanas, frente a una pared. Están prisioneros desde su nacimiento, por cadenas que les sujetan el cuello y las piernas de forma que únicamente pueden mirar hacia la pared del fondo de la caverna y nunca pueden girar la cabeza. Justo detrás de ellos, hay una hoguera delante de la cual se mueven figuras de un lado a otro, proyectando su sombra en la pared. Los hombres nunca han conocido otra situación pues nunca han salido al exterior. Únicamente pueden ver el juego de las sombras que para ellos constituye la realidad. Y sobre ella discuten acaloradamente, establecen teorías y hacen pronósticos. Imitan las voces de los fantasmas, perciben que hay algo parecido a un mundo real, fuera de la caverna, y que existe la posibilidad de liberarse y de conseguir salir al exterior. Sin embargo, también se oye que los que lograron salir y exponer sus ojos a la luz del sol fueron deslumbrados de tal forma que apenas podían ver nada, por no haber tenido la paciencia de acomodar sus ojos paulatinamente a ese mundo exterior. Con tal motivo, los habitantes de la caverna se resisten enérgicamente cuando alguien que viene de fuera intenta liberarlos.

Según Platón, salir al exterior y contemplar el mundo en su totalidad es el símbolo del camino hacia el mundo inteligible. Aquel que lo lograra, al recordar su anterior morada y el concepto que allí tenía de las cosas, y al evocar a sus compañeros de cautiverio, se consideraría feliz por el cambio cualitativo experimentado. Al mismo tiempo, sentiría una gran compasión por sus amigos, que permanecerían en la caverna en medio de su desasosiego y de sus tormentos llenos de ansiedades.

La intención de Platón es presentar, con esta alegoría, el mundo de las ideas como la auténtica realidad, y el mundo material, como su mera imagen. Si el que ha conseguido liberarse descendiera de nuevo a la caverna para tomar asiento, tendría ofuscados los ojos por las tinieblas, sería incapaz de distinguir en medio de las sombras, los demás lo harían mejor que él, se reirían de él e incluso le dirían que por haber subido a la luz se habrían dañado sus ojos y que por tal motivo no valdría la pena marcharse hacia arriba. Es más, si intentase desatarlos y conducirlos hacia la luz se burlarían de él, lo perseguirían e incluso lo matarían.

No tiene nada de extraño que el que ha llegado a las alturas del conocimiento por haber conseguido ver la realidad de las cosas bajo un horizonte más amplio, al bajar de nuevo, con el afán de ayudar a salir de su ignorancia a sus amigos, reciba sus burlas y sea considerado un esperpento. Platón quiere ayudarnos a que nos demos cuenta de que detrás de lo empírico o puramente fáctico hay algo que no sale sin más a la superficie. Y es precisamente hacia la dimensión de ese algo oculto hacia donde se orienta la pregunta del que filosofa. El sabio pregunta por la última razón y el verdadero sentido, no de esto o de aquello, sino de todo lo que hay. «Desprendido de los cuidados que agitan a los hombres, el vulgo pretende sanarle de su locura y no ve que es un hombre inspirado»[4].

El mundo valora excesivamente la acción, que nos puede mantener atrapados como si llevásemos unas anteojeras que nos impiden ver más allá de lo meramente empírico, de lo meramente material, y alcanzar las alturas del conocimiento. Mucha gente gira en torno al hacer febril y desbocado. Lo que cuenta es lo que ha producido, lo que ha realizado, lo que ha conseguido, todo lo que ha logrado. Una persona es reconocida socialmente sobre

---

[4] Platón, *Fedro o del Amor*, México, 1984, p. 639.

todo por la retribución económica que se le otorga en su trabajo. El talante contemplativo lleno de serenidad, no está previsto en el perfil del hombre actual, que parece que va por la vida como un salmón: es decir, nada frenéticamente en dirección al origen del río, sin contemplaciones, sin saber mirar a la derecha o a la izquierda, sin saber detenerse y disfrutar serenamente de las cosas bonitas de este mundo.

EL TRABAJO HECHO POR AMOR ADQUIERE HERMOSURA Y SE ENGRANDECE

Una vida excesivamente activa fácilmente incapacita al alma y al ánimo para dedicarse con serenidad a aquellas otras tareas acordes con el lenguaje del espíritu. Para saber escuchar música con sosiego, leer un buen libro o contemplar una obra de arte, se requiere una actitud receptiva, así como el cultivo de ciertas costumbres enriquecedoras que tienen en cuenta los fundamentos de la antropología humana.

En el libro VI de su *Ética a Nicómaco*, Aristóteles[5] expone por primera vez dos dimensiones muy sugerentes del actuar humano: la *poièsis* y la *praxis*. La primera es sinónimo de producción y por ello de dependencia material; es, por tanto, un acto imperfecto que solo se interesa por el resultado exterior. Aquí el error humano consiste, como diría Aristóteles, en actuar sin sabiduría por no tener en cuenta al hombre en su totalidad, no considerar la vida humana en su conjunto[6]. La *praxis*, por el contrario, se

---

[5] Aristóteles señala en su *Ética a Nicómaco*, que «la *praxis* y la *poièsis* son distintas (éteron)», Libro VI, 4, 1140a 17.

[6] La experiencia nos dice que un empresario puede dedicar muchas

caracteriza por la acción que busca la vida lograda. Considera los actos humanos en cuanto enriquecen a la persona que actúa, que está efectuando el trabajo.

Estamos llamados a realizar un buen trabajo, pero no a fabricar o producir algo. Cualquier persona que trabaje en una empresa, independientemente del cargo que ocupe, no es un instrumento de producción, sino que está en ella para realizar bien su tarea y, de este modo, hacer un buen servicio. Lo suyo no es hacer una obra material, sino servir. Por supuesto, el resultado de ese trabajo bien realizado será, por lo general, un producto excelente. Pero es importante captar, sobre todo, el sentido profundo del actuar humano, e insistir en que la ilusión o entusiasmo de los trabajadores son fundamentales para realizar un buen trabajo.

La vida lograda no es resultado de una *poiêsis*, de una producción, sino de una totalidad de *praxis*, de un camino certero para llegar a lo auténticamente humano. Dicho de otro modo, para que el hombre llegue a "lograr" su vida y no a "malograrla" conviene recordar que no existimos tan solo por el mero hecho de existir o de sobrevivir, sino que nos realizamos a través de nuestro existir, como ser para el que la existencia no es un mero hecho, un puro darse sin resonancia alguna para él mismo en cuanto sujeto, sino un proceso a través del cual él, en cuanto sujeto, se realiza o desarrolla. Pero a través de la *poiêsis* el hombre se hace

---

energías a algo tan esencial como es su trabajo, pero al mismo tiempo puede descuidar su familia, su salud, su formación cultural. Esta falta de visión global, por no considerar la vida humana en su conjunto, se caracteriza por un enfoque parcial, quizás colmado de éxitos profesionales, pero que acaba conduciendo a una frustración existencial, a una falta de sentido profundo en el quehacer cotidiano. La consecuencia es una persona insatisfecha porque ha equivocado su camino.

esclavo de su trabajo, pues considera que no es el trabajo para el hombre, sino el hombre para el trabajo[7].

Cuando desaparece el plano antropológico se piensa solo en la *producción*, en el hombre como *homo oeconomicus*, tan solo dotado de la capacidad de poner cosas fuera de sí mismo, ignorando o dejando de lado su dimensión interior y profunda, su condición de persona. Como consecuencia, el proceso de producción, al haber sido situado en primer plano como si fuera el objetivo de la sociedad y de la misma vida humana, ha dejado de ser manifestación de la persona. Al final, ese productivismo sin término acaba desatándose contra el hombre mismo, haciéndole experimentar no solo la amarga experiencia de la alienación −de su vaciamiento interior−, sino la creciente amenaza de su insostenibilidad o descontrol. Se ha acabado por no entender el sentido del trabajo, que, en lugar de ser la forma por excelencia que el hombre tiene de entregarse, de dar y recibir amor, se ha transformado en una maldición, que genera soledad, envidia y amargura.

La solución del problema del comportamiento ético del agente económico no está en ponerle restricciones para que actúe en contra de su propio interés, sino en ayudarle a comprender, con sentido más pleno, el porqué del actuar ético. Tampoco se trata de dejarse conducir por sentimientos de indignación ante tantos fraudes y tanta corrupción. Es obvio que cualquiera que haya cometido fraudes ha de pagar por ello, pero como afirma el premio Nobel de Economía, Robert Schiller[8], «sería una visión reducida de las cosas atribuir las diferentes crisis tan solo a un estallido repentino de maldad».

---

[7] Juan Pablo II, *Laborem exercens*, n. 6.
[8] Robert Schiller, *Las finanzas en una sociedad justa*, Barcelona, 2012, p. 12.

Cualquier buen directivo sabe que es muy difícil hacer negocios con trabajadores insatisfechos y egoístas, que no asumen serenamente el sentido de responsabilidad en la gestión de los asuntos de la empresa. Por otro lado, cualquier líder estará satisfecho de poder trabajar con personas altamente comprometidas y dispuestas a hacer lo que haga falta para alcanzar los objetivos que se hayan propuesto en equipo. Pero para esto no basta considerar la empresa tan solo como un conjunto de personas que se esfuerzan en conseguir algún fin con valor económico.

Las empresas necesitan apoyarse en personas cuya actuación brote de una motivación interna, y no como resultado del mero cumplimiento de unas normas extrínsecas. Actuar por motivos trascendentes es todo un reto y corresponde al campo específico de la ética[9].

Con lo dicho hasta el momento todavía no hemos alcanzado la cúspide de la motivación profunda por la que podemos encontrar, incluso en situaciones extremas, un sentido profundo a todo nuestro quehacer. Al contemplar a la madre Teresa de Calcuta en su deseo de servir a los moribundos abandonados en medio del ajetreo de las calles, nos preguntamos ahora por la motivación intrínseca de su entrega desinteresada. Hay aquí algo realmente nuevo y distinto, que no podemos reducir fácilmente a un

---

[9] Juan Antonio Pérez López, *Liderazgo y ética en la dirección de empresas*, Bilbao, 1998, pp. 79-85. En esta obra, profunda y sin duda útil para empresarios y para todas aquellas personas con responsabilidades de liderazgo, Pérez López propone un paradigma antropológico que se materializa en la necesidad de que los actos tengan la impronta de la corrección ética. Es decir, los actos humanos han de ser virtuosos. Hablar de ética o de ética profesional sin referirse a las virtudes morales, afirma Pérez López, sería tanto como hablar de física sin mencionar la ley de la gravedad.

mismo denominador común de la amistad, la simpatía, el equilibrio del carácter, el afecto, etc.

Lo que mueve a la madre Teresa a trabajar por los abandonados y despreciados solo se puede expresar con una palabra: amor. Aquí identificamos el verdadero motor de nuestras acciones, la fuerza que, sin desfallecer, nos empuja hacia esa meta de llegar a ser un buen trabajador. Cuanto más amor ponemos en nuestras acciones, mayor bien hacemos a los demás y, en consecuencia, mejores personas nos vamos haciendo. En palabras de un moderno santo que ha contribuido a descubrir el valor del trabajo humano: «Todo lo que se hace por amor adquiere hermosura y se engrandece»[10]. Además, ese amor capaz de descubrir belleza en la actividad se vuelca también, sin duda, en las tareas aparentemente oscuras e incluso desagradables: «El secreto para dar relieve a lo más humilde, y aun a lo más humillante, es amar»[11].

La humildad, como virtud cristiana, permite que ese «hermoseamiento» surja del interior de cada persona, en medio de los problemas y las dificultades. Este florecer interior se reflejará, de un modo muy concreto, en que los trabajadores desarrollen con mayor solidez el sentido de lealtad hacia la empresa, porque saberse querido contribuye a crear un entorno en el que predomina el «querer hacer» y no el «tener que hacer». Llevará también a que se sientan más identificados con los objetivos de la empresa, a que se intensifique el sentido de responsabilidad en la gestión de los asuntos, su compromiso con los objetivos de la compañía. Conseguir este ambiente de serenidad,

---

[10] Josemaría Escrivá, *Camino*, Madrid, 2013, n. 429.
[11] *Ibidem*, n. 418.

llena de entusiasmo, es todo un reto para el líder, pero no cabe la menor duda de que solo con intentarlo seriamente, la confianza interpersonal se acrecentará y la sinergia de equipo será más efectiva[12].

[12] Alfred Sonnenfeld, *Educar para madurar. Consejos neurobiológicos y espirituales para que tú y tus hijos seáis felices*, Madrid, 2017, pp. 230-232.

X
SERENAMENTE RELACIONADO

Un pobre hombre; más aún, un infeliz; más aún, un retraído,
un enfermo; más aún, varón de dolores a quien el mundo
deniega la alegría, pero él mismo se convierte en el creador
de la alegría y regala esa alegría al mundo.

Palabras del Premio Nobel de Literatura
ROMAIN ROLLAND (1866-1944) en su biografía
sobre Ludwig van Beethoven (1770-1827).

SERENIDAD EN LA ADVERSIDAD

La música nos ayuda a pensar de modo serenamente
relacional. Un sonido a solas no presenta valor musical.
Lo adquiere al entrar en relación con otro[1]. En la música
todo vibra con todo: un tema con otro, una frase con
otra, un tiempo con otro. Debido a su condición relacional, la música lleva en sí el poder y la necesidad de crear
vínculos. Goethe dijo en una ocasión, tras haber oído una
composición de Bach para órgano, que le parecía haber
escuchado el rumor del cosmos en los días del Génesis.

Al hablar del ser humano como ser relacional hemos
insistido en la importancia de la conectividad para la
vida. Donde hay relación, hay vida, y las formas de unión

---

[1] Alfonso López Quintás, *La Novena Sinfonía de Beethoven*, Madrid,
2015, p. 15.

valiosas encierran una fecundidad insospechada. Recordemos una vez más la frase sugestiva de Martin Buber: «Yo me hago gracias al tú» (*Ich werde am Du*).

El maestro de la composición sinfónica Ludwig van Beethoven introduce en el cuarto movimiento de su *Novena Sinfonía* la potente voz de un barítono para mostrarnos la necesidad de una vida de relaciones logradas, de la unidad y la alegría. A tal fin, escribe estos dos versos: «¡Oh amigos, estos tonos no, sino entonemos otros más agradables y alegres!». Tras la serenidad, atenta y contemplativa, del tercer movimiento, pleno de armonía y belleza, que nos incita a suplicar que no concluya, dilatándose sin fin, irrumpe el cuarto movimiento, cuando la orquesta produce un alarido que todavía hoy nos impresiona. Beethoven quería expresar, de este modo, el estado de discordia en que lamentablemente se halla a menudo la sociedad humana[2]. Por eso introduce la *Oda a la alegría*, tomada de Friedrich Schiller, para hacernos ver que, a través de la solidaridad, la fraternidad y las relaciones logradas podremos llegar a la verdadera alegría. Beethoven consigue, además, transmitir todo el sentimiento de ternura que sin duda abrigaba hacia el ser humano.

Hemos de tener en cuenta que Beethoven, a la edad de treinta y dos años, estaba totalmente abatido a causa de su sordera, que no le permitía oír los pájaros en el campo y, además, se lamentaba de zumbidos en el oído que le asediaban de día y de noche, lo que hoy se conoce como tinitus. Tanto es así, que el 6 de octubre de 1802 escribe su famoso testamento de Heiligenstadt. Allí expresa, ante sus familiares y ante el mundo, lo mucho que tiene que sufrir por tener que «vivir como un desterrado.

---

[2] *Ibidem*, pp. 70-71.

100

¡Hombres que me tenéis por hostil, terco y misántropo, qué injustos sois conmigo! ¡Cuánto me gustaría estar en vuestra compañía! Perdonadme, pues, si vivo apartado de vosotros; doblemente me duele mi desgracia puesto que no se me comprende. No me están permitidas ni la distracción en la vida social, ni las conversaciones apacibles, ni las efusiones mutuas»[3]. En este manuscrito confiesa que no puso fin a su vida, pese al drama de su sordera incurable, gracias a su amor al arte musical y a la virtud. Estas fueron sus palabras: «Recomendad a vuestros hijos la virtud, solo ella puede hacer feliz, no el dinero. Hablo por experiencia, ella fue la que me levantó de la miseria; a ella, además de a mi arte, tengo que agradecerle no haber acabado con mi vida a través del suicidio».

Después de este alarido de desesperación tremendamente desgarrador parece estar derribado, pero, al igual que el titán de la fábula, se levanta de nuevo, aunque esta vez con mucha más fuerza, agarrando el destino por el cuello y con una gran fe en su *Schöpfergott* (en su Dios Creador). Tras ponerse en pie tras tal abatimiento, compone su arrebatadora *Tercera Sinfonía,* la *Heroica* y, asimismo, los bocetos de otras muchas obras musicales. Y fue en ese momento de creatividad exuberante, despés del abatimiento abismal, cuando la savia del árbol cargada de serenidad creadora, hizo estallar la corteza y, de la mañana a la noche, sus ramas se llenaron de flores y frutos, alas y cantos de pájaros. Las fuerzas aprisionadas —genios de la alegría y del dolor—, el impulso delirante de la necesidad de creación, rompieron el estrecho cauce de los días, y, desde el horno del Ser, lanzaron la divina proyección,

---

[3]   https://wordsinresistance.wordpress.com/2008/06/07/ludwig-van-beethoven-testamento-de-heiligenstadt/

el Yo desconocido. En esa situación, el sufrimiento, la enfermedad y las más graves heridas sirven para liberar la fundición: el azadón del sufrimiento perfora el alma y da salida al fuego. Y el corazón desgarrado es embriaguez del espíritu. ¿Quién podrá decir que el uno niega o que el otro contradice? Los dos son uno, marcando así el ritmo del genio. Mientras su fuerza es ascendente, la alegría y el dolor se apoyan mutuamente y en el genio hacen que crezca la energía a borbotones. Sus energías unificadas en la serenidad de su estado de ánimo, se lanzan a conquistar el mundo interior[4].

Vivir de forma virtuosa significó para Beethoven ser fiel a las propias raíces, no romper los vínculos con los hombres y con el Creador. «A mí se me ha concedido —confesó en una ocasión— el don de vivir en un mundo de elevadísima belleza a través de la forma de lenguaje que mejor conozco, que es el musical». Pocos años antes de morir, cuando se hallaba en una situación penosa —casi ciego, quebrantado de salud y abrumado por dificultades económicas—, el genial músico se retiró a Baden, un pueblecito de la frontera austrohúngara para «rendir un homenaje de agradecimiento y alabanza al Sumo Creador». El fruto de ese retiro fue una de las cumbres del arte universal: la *Missa Solemnis*. En ella se une Beethoven a toda la Humanidad para clamar, sobre todo, por la paz. La honda paz y serenidad que produce el encuentro de los hombres entre sí y con su Creador, florece en alegría

---

[4] Romain Rolland, *Beethoven. Las grandes épocas creadoras, I, De la* Eroica *a la* Appassionata, Buenos Aires, 1928, p. 45 y Romain Rolland, *Beethovens Meisterjahre*, Leipzig, 1930, pp. 39-40: «Erstaunlicher noch als seine Fähigkeit zu lieben und zu leiden war die Spannkraft, die sich auch an dem grossen Wendepunkt seines Lebens im Jahre 1802 auf das wunderbarste bewährte».

desbordante. Es el mensaje sobrecogedor del último tiempo de la *Novena Sinfonía*.

Esta reacción ejemplarmente positiva y serena de Beethoven ante la adversidad se explica porque era un hombre que sabía entusiasmarse con la bondad, la belleza, el arte y la libertad creativa. Esa vinculación otorga a la propia vida una grandeza de ánimo que hace experimentar sus frutos espléndidos y, de este modo, verse elevado a lo mejor que tenemos[5].

EL BIEN ÉTICO NOS HACE SERENOS

Llegamos al final de nuestras reflexiones sobre la serenidad, que en este último capítulo contemplamos como paz interior ante la adversidad. La serenidad no es consecuencia de llevar una vida sin tensiones, sin problemas de ningún género. No se trata de «tener la vida resuelta», como se suele decir, sino de tener un corazón enamorado, que se sabe ilusionar y entusiasmar con los retos grandes o pequeños de cada día.

El fundador de la logoterapia, Víctor Frankl, prisionero durante mucho tiempo en los tremendos campos de concentración nazis, sintió como pocos lo que para él significaba una «existencia desnuda». Su esposa, sus padres, su hermano, murieron en esos campos de exterminio, de tal suerte que, salvo una hermana, todos perecieron. Lo único que le quedaba —así afirmaba Frankl— era la capacidad

---

[5] Alfonso López Quintás, *El secreto de una vida lograda*, Madrid, 2004, pp. 131-132.

de elegir, es decir, la actitud personal de decidir ante un conjunto de circunstancias[6].

¿Cómo despertar en los demás la responsabilidad de vivir incluso serenamente, por muy adversas que se presenten las circunstancias? Para contestar a esta pregunta, Frankl cita con frecuencia la célebre frase de Friedrich Nietzsche: «Quien tiene un *porqué* para vivir, podrá soportar casi siempre el *cómo*»[7]. Pero este «porqué» ha de ser descubierto por cada uno haciendo uso de su propia responsabilidad, que no podrá ser reemplazada por nadie.

Frankl hace referencia a dos casos fallidos de suicidio, que guardan entre sí mucha similitud, acaecidos en un campo de concentración. Los suicidas habían exteriorizado su intención irrevocable basándose en el argumento frecuente de que ya no esperaban nada de la vida. En ambos casos, se trataba de hacer comprender a estas personas que la vida sí esperaba todavía algo de ellas. A uno le quedaba un hijo al que adoraba, y que le aguardaba en el extranjero. Al otro no era una persona, sino una tarea, lo que le esperaba: ¡su obra! Era un científico que había iniciado la publicación de una colección de libros que debía acabar. Tan solo él podría llevar a término esa obra. El haber asumido conscientemente la responsabilidad ante aquel hijo, que le espera con todo afecto, o ante la obra inacabada, les ayudó a no tirar su vida por la borda. Conocer el «porqué» de tu existencia te ayudará a soportar casi cualquier «cómo»[8].

Necesitamos, por tanto, dar a nuestra vida un «sentido profundo»[9]. De este modo sabremos concretar nuestra

---

[6] Viktor E. Frankl, *El hombre en busca de sentido*, Barcelona, 1986, pp. 68-70.
[7] *Ibidem*, p. 9.
[8] *Ibidem*, p. 81.
[9] Víctor E. Frankl, *La voluntad de sentido*, Barcelona, 1994.

misión o vocación específica, dándonos cuenta de que esta no volverá a repetirse. La tarea de cada uno será única e irrepetible. Y si soy o no soy excelente en mi modo de ser dependerá de «cómo» tome decisiones. Quien olvide esto es fácil que no llegue a conseguir nada que valga la pena, y que carezca en su actuación de una trayectoria definida capaz de inspirar serenidad y confianza a los que le rodean.

El hombre es un ser intrínsecamente perfectible, es decir, se perfecciona por dentro mediante el buen uso de su libertad. Se opta por un determinado camino, y se dejan los demás. La vida humana consiste en elegir, y toda elección es, a la vez, exclusión. Al diseño y realización de ese conjunto de decisiones, preferencias y postergaciones se le llama proyecto vital. Y para proteger ese proyecto vital y la libertad que lo hace posible, necesitamos las virtudes. ¿Y eso por qué? Pues sencillamente porque la naturaleza humana se perfecciona por sus hábitos buenos, no por sus vicios. La elección de un vicio disminuye considerablemente nuestra libertad, y la elección de una virtud la aumenta.

Ser «virtuoso» no es sinónimo de bondadoso o de persona de espíritu débil. Por el contrario, la virtud consiste en estar entrenado para lo arduo y lo valioso[10]. Por eso, la ética, que mira a la adquisición de virtudes, es un modo de ganar libertad interior. Ganar o perder libertad es, en primer lugar, enriquecerse o empobrecerse en virtudes o vicios, en fuerza o debilidad. La libertad crece o disminuye, en primer lugar, dependiendo de cómo se use. El buen educador o el buen líder ha de tener esto

---

[10] Ricardo Yepes Stork, *Fundamentos de Antropología. Un ideal de la excelencia humana*, Pamplona, 1996, p. 171.

muy claro, para ayudar a desarrollar el potencial que todos llevamos dentro.

Captar y aceptar la tarea que la vida me encarga supone saber adaptarse a los cambios de la vida, sobre todo cuando pensamos que tenemos una vida estable, construida y encarrilada y, de pronto, nuestra existencia parece dar un golpe de timón y esa seguridad desaparece o se tambalea un instante. Por ejemplo, en el momento en el que nuestro puesto de trabajo deja de ser seguro, o cuando es necesario introducir cambios para que la relación matrimonial crezca.

Ante estos casos, la buena reacción consiste en incluir en mi vida la nueva tarea. Comienza entonces la aventura de acometer esa nueva situación con *serenidad*. Saber entonces reorganizar la propia vida para dedicarme a cumplir la tarea que se me plantea en el encuentro con la realidad. La verdad me encarga una misión[11]. Me hago cargo de ella, sabiendo llevar las riendas en las diferentes situaciones de la vida, pero sin dejar de afrontar la verdad de las cosas. Así se expresaba el gran escritor alemán Matthias Claudius en una carta dirigida a su hijo: «La verdad, hijo mío, no se dirige hacia nosotros, sino que somos nosotros los que tenemos que ir hacia ella». Estas palabras contienen una gran sabiduría. Un hombre es feliz si realiza lo que verdaderamente quiere, iluminado por su conciencia, y lo que puede, contando con unos límites y siendo capaz de aceptarse a sí mismo, a los demás y, por supuesto, a la realidad tal y como viene dada.

---

[11] *Ibidem,* p. 145.

XI
LA LIBERTAD INTERIOR: FUENTE DE SERENIDAD

PARA VIVIR SERENAMENTE necesitamos la libertad interior, que nos hace protagonistas de nuestra vida. Esta libertad interior, inherente a nuestra naturaleza y que nadie nos puede robar, se da con independencia del lugar en el que vivamos, de lo que poseamos, del trabajo que realicemos, de la pareja con la que compartimos nuestro día a día.

Al referirnos a este tipo de libertad no hablamos de un estado externo circunstancial, sino de un proceso que tiene lugar en nuestra cabeza, en nuestro yo, en el modo como percibimos e interpretamos el mundo en el que vivimos, lo que quiere decir que siempre podremos ser libres sin tener que cambiar nuestras circunstancias externas. Es verdad que a veces se dan situaciones que requieren un cambio de estas circunstancias, pero lo cierto es que esta estrategia no suele ser la mejor solución, porque cuando cambiamos nuestro mundo exterior sin hacer lo mismo con nuestro interior, seguimos conservando los mismos patrones cerebrales. Es decir, estaríamos cambiando de jaula, pero seguiríamos encarcelados. Por eso es tan cierta la frase del psiquiatra y psicólogo suizo Carl Gustav Jung: «La serenidad y la felicidad surgen cuando dejas de intentar controlar lo que está fuera de ti y comienzas a dominar lo que está dentro de ti».

Mucha gente carece de libertad interior al estar sometida a sus patrones mentales, pensando que solo podrá ser libre si tiene dinero, otro trabajo mejor remunerado u otra relación. Son personas que se definen por el éxito alcanzado, su rendimiento laboral o el interés que los demás muestran hacia ellos, aunque en realidad son ciegos a su verdadera esencia. Se han convertido en dependientes de los demás y esclavos de su propia imagen.

Por el contrario, el camino hacia la libertad interior, que nos libera de un sinfín de ataduras, es una actitud que nos facilita decir «sí» a lo que somos y a nuestras circunstancias. Es saber aceptar la situación actual, sin reaccionar contra ella, pues si nos mostramos crispados cuando algo nos altera —imaginémonos en un atasco cuando tenemos prisa por llegar al trabajo—, nuestro cortisol —la hormona del estrés— se dispara, dañando nuestra salud y alterando nuestra paz interior. Sin embargo, al aceptar la situación, siguiendo el axioma «allí donde estoy, quiero estar», no perderíamos la serenidad ni la salud.

Pero antes de ahondar en la libertad interior, debemos preguntarnos en qué consiste la libertad. Muchos la definirían como la ausencia de obligaciones o coacciones, o hacer siempre lo que nos da la gana: viajar a donde nos apetezca, decir lo que pensamos… Pero esta libertad exterior, que sin duda es muy importante, no es suficiente para llevar una vida serena, porque podríamos poseerla y no obstante ser prisioneros de nuestros miedos, preocupaciones, coacciones y nuestra cabeza.

Con frecuencia nos encontramos con gente que en apariencia lo tiene todo: dinero, éxito, reconocimiento y un sinfín de posibilidades, pero no son libres, porque son prisioneros de sus pensamientos, de sus patrones neuronales y sus miedos. Por el contrario, hay personas que viven situaciones difíciles, con pocos medios y muchas limitaciones y, no obstante, irradian alegría, armonía y una serenidad y un señorío que los mantienen por encima de las circunstancias. Es esta libertad interior, que no depende del mundo exterior sino de nuestra actitud, la que nos proporciona la verdadera serenidad.

Para entender mejor lo que acabamos de decir, hemos de recordar que el cerebro tan solo registra las interpretaciones que hacemos del mundo que nos rodea: lo que experimentamos, lo que sentimos, lo que esperamos, y, todo ello, en concordancia con las redes neuronales que se han formado en nuestro cerebro. Si hemos aprendido que el mundo es peligroso, nuestro cerebro vería amenazas allí donde otras personas no las ven, pues solo podemos interpretar la realidad de ese modo. Y lo mismo ocurre con la libertad o la falta de libertad.

LA NECESIDAD DE LIBERARSE DE TRES
CADENAS O PATRONES NEURONALES

Pero ¿cuáles son las cadenas o los patrones neuronales que nos atenazan, y cómo podemos librarnos de ellos? La primera cadena tiene que ver con las valoraciones que hacemos de los acontecimientos y de las personas. De forma automática consideramos a los demás y lo que nos sucede según determinados patrones: verdadero-falso, correcto-incorrecto, bueno-malo, agradable-desagradable…

Nuestro cerebro opera de ese modo para tomar decisiones, para protegernos y para asegurar nuestra supervivencia, pero sabemos que estas valoraciones no son reales, sino más bien manifiestan nuestra interpretación de la realidad. Y muchas veces nos impiden ser libres. Al valorar algo como malo, nos provocará sufrimiento; si calificamos algo como falso o erróneo, nos enfrentaremos a ello; si interpretamos algo como desagradable, trataremos de evitarlo... Considerar así la realidad hará que falle la libertad verdadera.

Para entenderlo mejor, imaginemos que estamos realizando un trabajo que consideramos aburrido y desagradable. Lo registramos como una limitación, como algo que nos aprisiona, y de este modo, nos sentimos encadenados. Pero lo cierto es que la falta de libertad no se debe a ese trabajo, sino a nuestra valoración de ese trabajo. Imaginémonos ahora que en lugar de valorarlo de ese modo lo vemos como un desafío, incluso como una forma de aprender algo nuevo, y nos sentiremos de otro modo: se acrecentará nuestra curiosidad, pensaremos que nos estamos desarrollando y no nos sentiremos oprimidos, sino que nuestra libertad se mantendrá. Con esto no afirmamos que no existen los problemas ni las situaciones críticas, sino que nuestra forma de percibir el mundo es tan importante que de ella dependerá que nuestras experiencias y vivencias sean fuente de nuestro bienestar o de nuestro malestar.

La segunda cadena que hemos de tener en cuenta es el control, tanto de las personas como de las cosas. Queremos que todo suceda como lo habíamos planeado, ateniéndose a nuestros patrones mentales; que las personas respondan según los parámetros que tenemos en la cabeza, y si no es así, nos agobiamos y sufrimos. Pero la vida no sigue ese camino fijo: es muchas veces caótica, imprevisible, errática, llena de sorpresas. Si creemos que solo seremos felices cuando todo transcurra de acuerdo a nuestros pensamientos, el resultado es que nunca seríamos libres. Gozaremos de la verdadera libertad interior cuando sepamos aceptar las situaciones tal y como se presentan, sin resignación, sino con un sí decidido, estando incluso dispuestos a «abrazarnos» a ellas.

La tercera cadena tiene que ver con identificarnos con las cosas o valorarnos desde esa perspectiva. Estamos comparándonos casi siempre con los demás, lo que nos conduce a errar en nuestra visión de la realidad, merma nuestra autoestima y hace que suframos al ser esclavos de los juicios ajenos y, aún peor, de los propios. El problema de la comparación es que no nos permite valorar aquello que hemos conseguido o que tenemos, sino que hace que lo minimicemos, lo cual es dañino para nosotros y para nuestra autoestima porque nos lleva a rechazar quiénes somos y no nos ayuda a mejorar y superar nuestros defectos.

Todos somos diferentes, y, para gozar de la libertad, hemos de descubrir dónde se hallan nuestras cadenas. A tal fin, conviene examinarse con calma, sin juicios rápidos ni prejuicios, distanciándonos de nuestro yo de forma sana. De este modo, sabremos cambiar de perspectiva y ya no nos identificaremos con distintos roles: ser personas excepcionales, perdedores o tímidos. Ver nuestras cadenas desde la distancia nos ayuda a percibir nuestros límites, lo que puede convertirse en el inicio de una transformación que nos permita pasar de oruga a mariposa. También, ante las situaciones difíciles, dejaremos de considerarnos víctimas: si no nos resignamos ni nos vemos incapaces, podremos enfrentar lo que se nos ponga por delante, influyendo y modelando nuestro cerebro. De este modo, aplacaremos los patrones neuronales que nos debilitan y robusteceremos aquellos que nos hacen más libres, porque la relación con nosotros mismos habrá cambiado.

LIBERTAD Y RESPONSABILIDAD

Mucha gente piensa que la libertad interior significa no tener que ocuparse de nada ni de nadie, desprenderse de todo y permanecer indiferente. Pero este modo de pensar es una gran equivocación. La verdadera libertad interior no conduce a la indiferencia, sino a una responsabilidad más profunda, ya que, si estamos libres de todos los miedos, preocupaciones o coacciones, entonces dispondremos de mucha más energía para ayudar a otros y prestarles más atención, al no estar tan pendientes de nosotros mismos, de nuestras propias tragedias. Así, sabremos percibir lo que verdaderamente ocurre a nuestro alrededor y estaremos disponibles para otras personas.

La libertad interior nos ayuda a ser más comprometidos, a hacerlo sin segundas intenciones, a ser más cariñosos y dar mucho más. Es, sin duda, una paradoja: cuanto mayor es nuestra libertad interior, más capacidad tenemos de comprometernos; cuanto más desprendidos estemos de nuestro yo, cuanto menos necesitemos, más podremos dar.

Otro aspecto importante de la libertad interior es la paciencia, una virtud que no se aprende fácilmente, que necesita tiempo para desarrollarse. Por eso es difícil encontrarla y adquirirla en este mundo, en el que las personas demandan soluciones rápidas, sencillas, que conlleven poco esfuerzo, y lo que quieren, sobre todo, es experimentar emociones positivas rechazando todas las demás. De este modo, la paciencia es hoy una rara virtud, tan extraña como el pararse a pensar, una necesidad que no está bien considerada.

Pero necesitamos tanto de la paciencia como de la reflexión personal para poder alcanzar la libertad interior. No podemos comprarla o descargarla en el móvil o el ordenador. Lleva tiempo adquirirla y se hace día a día, usándola durante los pequeños momentos y en los grandes desafíos de la vida, puesto que el cerebro aprende a través de las costumbres y de las experiencias. Pero todo esto no supone que hayamos conseguido un estado definitivo de libertad interior, porque se trata de un proceso que recomenzamos siempre, sin desanimarnos. No es una meta que una vez alcanzada garantice que no volveremos a tener dificultades.

Hace tiempo conocí a una mujer de cuarenta y siete años aprisionada en una vida que empezaba a detestar: su trabajo no la llenaba, su matrimonio estaba anquilosado y sus tres hijos ya habían abandonado el hogar. Se sentía vacía, enjaulada, como muerta y no dejaba de pensar en cambiarlo todo: dejar su trabajo, divorciarse de su marido y comenzar una nueva vida para no ahogarse. Su desesperación era comprensible, y tras escucharla decidí enfrentarla al hecho de que tal vez aquel cambio radical de vida no era la solución, ya que era posible que esa sensación de opresión, de sentirse prisionera, no procediese de sus circunstancias externas, sino de sí misma.

Me miró desconcertada y algo enfurecida, pero escuchó con atención, y, durante las semanas y meses siguientes, comenzamos a trabajar no en su situación exterior, sino en su actitud interior, en el modo en que veía su vida, en las valoraciones que hacía, en las ataduras que había contraído, en las identificaciones que la apresaban. Aquel proceso fue difícil, además, aparecieron varios contratiempos, pero después de un tiempo comenzó, poco a poco, a cambiar algo en ella. Y no fue tanto su forma de vivir como su modo de ver la vida, de posicionarse ante ella, variando su paisaje interior. Como consecuencia, siguió con su trabajo y en su matrimonio; nada de su mundo exterior había cambiado, pero su mundo interior sí se transformó. El trabajo que antes era una prisión, se convirtió en un desafío que acometió con empeño; su matrimonio antes estancado, comenzó nuevamente a palpitar porque había vuelto a vivir, como esos árboles cuya sabia nueva hace que vuelvan a dar frutos. Comprendió que había sido ella misma la que se había enjaulado y ahora recuperaba la libertad. Se dio cuenta de que, aunque lo exterior no había cambiado, tenía ahora libertad interior.

Muchas personas son como esta mujer: piensan que deberían variar su mundo exterior cuando lo único que tienen que cambiar es su mundo interior. Porque la verdadera libertad no se encuentra fuera de nosotros, sino dentro. No está esperando a que mejoren las circunstancias exteriores para alcanzar una vida mejor, sino a que la descubramos y la desvelemos, logrando así una vida plena y llena de serenidad.

CAMBIAR DE ACTITUD

Cambiar de actitud está íntimamente unido con comenzar de nuevo. Esta posibilidad de un nuevo comienzo es una capacidad humana que forma parte de la esencia de las personas. Sin embargo, para recomenzar es necesario no estar dominado por el pasado. Todo comienzo implica saber hacer un parón y ver con sinceridad lo que ha ocurrido.

Puede suceder que la vida se oscurezca, que la realidad aplaste nuestros sueños, que las expectativas den paso a la decepción, o que estemos obsesionados solo con aumentar nuestra productividad, reduciéndolo todo a una forma de consumo. La persona que comienza de nuevo, deja de permanecer en la rutina y actúa alejándose de lo habitual. Sabe salir de su zona de confort y es capaz de arriesgarse y atreverse a cambiar su vida. Aunque la zona de confort nos da seguridad, impide que aprendamos cosas nuevas y avancemos en la vida, porque en ella solo podemos encontrar todo lo que ya se conoce y se domina: situaciones cotidianas que afrontamos sin dificultad. En ese espacio personal actuamos sin ser apenas conscientes, sin prestar mucha atención, como si viviésemos valiéndonos de un «piloto automático».

Por eso no aprendemos nada nuevo si no la dejamos atrás. Alejarnos de ella supone un esfuerzo; podemos, incluso, sentirnos inseguros y desprotegidos, y hasta experimentar un cierto grado de ansiedad. Sin embargo, no olvidemos que gracias a este esfuerzo se produce el crecimiento personal, la adquisición de nuevas herramientas y la ampliación de conocimientos. Para salir fácilmente de la zona de confort es recomendable conocer nuestros límites. Todos somos diferentes: algunas personas tan solo necesitarán dar pequeños pasos, otras deberán emprender grandes cambios. Por eso es tan necesario el autoconocimiento y el análisis de nuestra personalidad, de nuestros miedos, con el fin de encontrar el equilibrio entre la ansiedad que nos produce salir de la zona de confort y los beneficios que alcanzaremos al hacerlo.

A MODO DE CONCLUSIÓN

LA CONCLUSIÓN QUE QUERRÍAMOS que se pudiera extraer de la lectura de estas páginas es tan sencilla como fundamental: vale la pena vivir con coherencia ética, no solamente porque de este modo el cerebro gasta menos energía, sino sobre todo porque solo así gozaremos de la verdadera serenidad y felicidad y contribuiremos, además, a que quienes nos rodean anden también por caminos de plenitud. Hemos visto, partiendo del «Conócete a ti mismo», cómo una persona puede perder —o dejar de alcanzar— la perfección específica a la que la vida le invita. El ser humano llega a ser como debe ser solo si es digno de confianza, si es una persona coherente cuyo sí es un sí y cuyo no es un no; es decir, por paradójico que resulte, solo cuando resulta fiable para sí mismo, que equivale a decir que vive en armonía consigo mismo, gozando de la serenidad sublime.

A lo largo de este libro hemos evocado algunos valores del ser humano: paz y libertad interior, bondad, amistad, solidaridad, autenticidad, sencillez, paciencia, ilusión, tenacidad, fraternidad y entusiasmo por aprender; hemos dado a entender también que el hombre ha de buscar permanentemente aquellos principios que enriquecen el espíritu y embargan el alma de una paz inefable.

De algún modo deseamos una vida plena de dichos valores y principios, la vida verdadera, la que no se ve afectada ni siquiera por la muerte; pero, al mismo tiempo, no conocemos eso hacia lo que nos sentimos impulsados. Lo importante son los sueños que pueden hacerse realidad, las personas que, sin decirlo, nos están pidiendo que las llevemos a la verdadera grandeza de ánimo, las metas que nos guían, las verdades que nos inspiran, los bienes arduos, difíciles, pero apasionantes, que nos proponemos conseguir. Es vital apuntar muy alto para agrandar el corazón y movernos con energía.

Hemos recordado, al comienzo de estas páginas, aquellos momentos especialmente sublimes de nuestra vida en los que teníamos la sensación de estar tocando el cielo. Momentos de epifanía en los que se suspende el curso de la historia; desde el centro mismo del tiempo estábamos tocando la eternidad. Queremos, tal como han expresado muchos poetas, retener, detener o contener ese momento de resplandor que se nos presenta con todo su fulgor muy escasas veces en nuestra vida. Ansiamos la paz interior, lo infinito y eterno. Tendemos hacia una perfección última que no podemos darnos a nosotros mismos. «El hombre supera infinitamente al hombre», decía Pascal.

Concluyamos ahora recordando al gran poeta Dante Alighieri, quien siempre expresó, con suma belleza, los sentimientos que, en medio del fragor cotidiano, eran necesarios para no dejarse turbar por las tribulaciones, el sufrimiento y la muerte. Para mantenerse serenos. Demos voz a estas palabras de su *Divina Comedia*: «El que se lamenta de que haya de morir en la tierra para revivir en lo alto, es que no se ha percatado del frescor que produce la lluvia eterna», y afrontemos nuestra vida, tal y como hizo el escritor italiano, con ojos de eternidad.

ESTE LIBRO, PUBLICADO POR EDICIONES
RIALP, S. A.,
MANUEL URIBE, 13-15, 28033 MADRID,
SE TERMINÓ DE IMPRIMIR EN
ESTILO ESTUGRAF, S.L.
CIEMPOZUELOS (MADRID),
EL DÍA 19 DE MARZO DE 2026.